BILDBANDAUSGABE · SERIE ARCHITEKTUR

Königlicher Alcázar von Sevilla

ÜBER TAUSEND JAHRE KUNST UND ARCHITEKTUR

FOTOS: CARLOS GIORDANO RODRÍGUEZ UND NICOLÁS PALMISANO SOSA

DOSDEARTE EDICIONES · BILDBÄNDE MEISTERWERKE

01

02

05

INHALT

Dekoration
Arabische Inschriften aus Gips zieren die Wände von zahlreichen Räumen im Alcázar.

Kapitell
Besteht aus stilisierten Pflanzenelementen, typisch für die kalifatische Kunst.

03

04

06

07

Löwentor

01

SEVILLA UND DER ALCÁZAR

Gleichsam Palast und Stadt

Tausend Jahre Kunstgeschichte prägen die Festung, die einst als strategische Enklave angelegt worden war.

Die Entwicklung der Stadt Sevilla war schon immer eng mit dem Fluss Guadalquivir verbunden. So war ihre politische und demografische Vorherrschaft lange Zeit durch ihre Lage am äußersten schiffbaren Punkt des Flusses bedingt. Aus der einstigen Stadt Ispal, die um 700 v. Chr. von der Blüte der Stadt Tartessos profitiert hatte, wurde um 200 v. Chr. das Hispalis der Römer. Zwei große Kaiser, Trajano und Adriano, wurden im benachbarten Italien geboren, das 711 n. Chr. durch den Einzug der Araber zum moslemischen Isbiliya wurde. Ab dem 11. Jh. verknüpfte sich das Schicksal der Stadt eng mit dem Alcázar – der Festung und dem Palast, die dazu dienen sollten, den Ort am Ufer des Guadalquivir zu schützen und den moslemischen König und Verwaltungsapparat der Hauptstadt des Taifenreiches unterzubringen. Seitdem haben sich Sevilla und der Königspalast in gleichem Maße mit den verschiedenen Herrschern, die ihn bewohnten, weiterentwickelt. Dank der Bewunderung der Palastbewohner für die Werke ihrer Vorgänger ist das Gebäude heute ein beispielhaftes Exempel für die komplexen Bauweisen, die seit dem Kalifen von Córdoba bis heute die Relikte der unterschiedlichsten Epochen abbilden und damit Zeugnis für die großen historischen Ereignisse ablegen, die in Spanien stattfanden.

Jungfrauenhof
Der deutsche Maler Friedrich Eibner bildete 1863 den zentralen Hof des mudejarischen Alcázar nach.

Mischstil
Einige Gipsarbeiten im Alcázar vereinen Elemente der islamischen Kunst mit Symbolen der christlichen Königreiche.

Der arabische Alcázar

Nach dem Zerfall des Kalifats von Córdoba wurde Sevilla Machtzentrum von al-Andalus. Für den Königshof erbaute man im 11. Jh. den Al-Qasr al-Mubarak (Heiligen Palast), der von den Almohaden erweitert wurde.

Die Giralda
Der Glockenturm der Kathedrale von Sevilla war ehemals das Minarett der Ende des 12. Jh. von den almohadischen Herrschern errichteten großen Moschee.

Von Córdoba bis Sevilla

Im Jahr 929 nahm Emir Abd ar-Rahman III. den Titel des Kalifen an und Córdoba wurde die Hauptstadt von al-Andalus, dem muslimisch beherrschten Gebiet der Iberischen Halbinsel. Während jener Zeit nahm Sevilla – das wohl eine Festung hatte wo heute der Alcázar steht – eine zweitrangige Stellung ein. Mit dem Zerfall des Kalifats von Córdoba im 11. Jh. kehrte sich das Verhältnis beider Städte um und Sevilla wurde zum Referenzzentrum.

Al-Mutamid
Der bekannte Dichter weitete die Macht des Taifenreiches Sevilla auf große Teile von al-Andalus aus und läutete eine kulturelle Blütezeit ein.

Mauer
Das komplexe Verteidigungssystem des Alcázar spiegelt die politische Instabilität der muslimischen Epoche und die Angst der Herrscher vor feindlichen Angriffen und Volksaufständen wider.

GESCHICHTE

Zeiten des Wandels

Der Bau des Alcázar von Sevilla fiel in eine Zeit der territorialen Spannungen auf der Iberischen Halbinsel, die von Invasionen und der Entstehung neuer Reiche geprägt war.

712
EROBERUNG DURCH DIE ARABER
Der jemenitische Soldat Musa ibn Nusair entriss Sevilla den Westgoten.

Goldener Turm

Silberturm

Die Almohaden

Die Abbadiden-Dynastie begann im 11. Jh. mit dem Bau des Palasts Al-Qasr al-Mubarak. Die Almohaden – die einige der berühmtesten Gebäude Sevillas wie die Giralda und den Gold- und den Silberturm errichteten – nahmen umfassende Umbauarbeiten am Palast vor, dessen Mauern sie fast bis zur heutigen Ausdehnung erweiterten. Aus dieser Zeit stammen die *Qubba* des Gartens (heute der Pavillon von Karl V.), der Gipshof und der Kreuzförmige Hof.

Gipshof
Der im 12. Jh. errichtete Hof ist ein bedeutendes Relikt der Almohaden. Sein wichtigster Raum war der Thronsaal, in dem der König seine Audienzen abhielt.

1147
IN JENEM JAHR besetzten die Almohaden, eine Berber-Dynastie aus dem Magrheb, die Iberische Halbinsel und machten Sevilla zur Hauptstadt des Reiches.

Abu Yaqub Yusuf
Der Almohadenführer leitete den Angriff auf die Halbinsel im Jahr 1170 und ließ sich dann in Sevilla nieder, wo er im Alcázar den Gipspalast errichten ließ.

Yusuf I.
Unter seiner Führung wurde Sevilla die Hauptstadt des Almohadenreiches.

929
KALIFAT VON CÓRDOBA
Abd ar-Rahman III. machte Córdoba zum Zentrum des neuen muslimischen Reiches im Westen.

1031
TAIFEN-REICHE
Das Kalifat von Córdoba wurde in kleine Staaten namens Taifen aufgeteilt. Eines davon war Sevilla.

1171
ALMOHADEN-REICH
Kalif Yusuf I. ließ sich in der Stadt Sevilla nieder, in der er zuvor das Amt des Gouverneurs inne gehabt hatte.

Der gotische Alcázar

Als der Alcázar vom letzten Almohaden-Kalifen verlassen wurde, zog er im 13. Jh. die christlichen Könige Ferdinand III. und Alfons X. an, die seinen architektonischen und ornamentalen Reichtum schätzten.

Wappen von Kastilien-León
Erstmals 1230 von Ferdinand III. verwendet. Es zeigt die unteilbare Einheit der zwei christlichen Königreiche, die er von seinen Eltern geerbt hatte.

Ein neuer Stil
Nach der Einnahme von Córdoba und Jaén eroberte König Ferdinand III. Sevilla im Jahr 1248, womit er der fünf Jahrhunderte langen muslimischen Herrschaft in dieser Stadt ein Ende setzte. Beide Herrscher waren so vom Alcázar gefesselt, dass sie sogar beschlossen, unter seinem Dach zu sterben. Alfons X. ließ hier seine Gelehrten zusammenkommen, wie es einst König Al-Mutamid getan hatte, und verfasste seine Schriften, die ihm den Spitznamen „der Weise" verliehen. Trotz seiner Bewunderung für das maurische Erbe bedeutete der Eingriff des christlichen Monarchen am Alcázar die fast vollständige Zerstörung des Almohaden-Palasts, auf dessen Grundmauern er eine neue Residenz errichten ließ und damit den gotischen Stil in der einst muslimischen Anlage einführte, von der nur der Gipshof und der Kreuzförmige Hof erhalten blieben.

Alfons X.
Die militärische Herkunft des Königs von Kastilien steht im Kontrast zu seiner Gründung der Übersetzerschule in Toledo, die für die Eintracht der verschiedenen Kulturen steht.

Reformator
Der Monarch förderte die Modernisierung seines Territoriums.

Der weise König
Er förderte die kastilische Sprache und umgab sich mit Wissenschaftlern und Literaten.

1250
IN JENEM JAHR
beherbergte Sevilla das Parlament des Königreichs Kastilien.

Die Eroberung von Cádiz
Mit der Eroberung im Jahr 1262 erreichten die Truppen von Alfons X. den Atlantik.

Der Gotische Palast
Er ist das bedeutendste Relikt von Alfons X. im Alcázar. Seine Räume heißen auch Säle Karls V.: Kacheln und Wandteppiche sind eine Hommage an den Eroberer.

CHRONOLOGIE. WICHTIGE FAKTEN AUS DER ZEIT

1236
EROBERUNG VON CÓRDOBA
König Ferdinand III. von Kastilien fiel in die Hauptstadt des andalusischen Kalifats ein.

1239
BAU DER ALHAMBRA
Der erste König der Nasriden ließ den Alcázar von Granada erbauen.

1264
MUDEJARISCHE REVOLTE
König Alfons X. schlug den Aufstand dieser islamischen Gruppe nieder.

Der mudejarische Alcázar

Vom Bau des Palasts der Alhambra in Granada beeinflusst, bauten die Könige Alfons XI. und Peter I. den Alcázar im 14. Jh. im mudejarischen Stil um, der Elemente der christlichen und muslimischen Tradition kombiniert.

Interne Auseinandersetzungen
Während der Herrschaft Alfons X. bis Mitte des 13. Jh. gab es eine Vielzahl an christlichen Eroberungszügen. Die Auseinandersetzungen zwischen Adeligen und Königen und die Kriege zwischen den einzelnen Königreichen ließen die kastilischen Monarchien zu Mitteln greifen, die unter anderen Umständen der Eroberung gedient hätten. So gilt der Fall von Peter I. (1334-1369) als Paradigma: Er widersetzte sich dem benachbarten Reich von Aragón und widmete sein Leben der Vereitelung von Verschwörungen. Hierfür bat er den Araber-König von Granada mehrfach um Unterstützung.

König von Kastilien

Peter I. „der Grausame"
Er heißt so, weil er zahlreiche Rivalen, darunter sechs Halbbrüder, ermodern ließ.

GESCHICHTE

Kriege und Epidemien

Das 14. Jh. gehört zu den unruhigsten Abschnitten des Spätmittelalters: Ausbreitung von schweren Krankheiten verbunden mit Kriegen und sozialen Konflikten.

Goldmünze
Die Münze der Kastilischen Krone wurde zwischen 1350 und 1365 mit dem Bild von König Peter I. geprägt.

1340

SCHLACHT AM SALADO
Mit der Hilfe von Portugal kam es zum Sieg über die Meriniden. Das war ihr letzter Angriffsversuch auf der Iberischen Halbinsel.

Jungfrauenhof
Um ihn herum fanden sämtliche Aktivitäten des unter der Herrschafft von Peter I. erbauten Palasts statt.

Maria von Padilla
Die Geliebte von Peter I., der zwei Ehefrauen hatte, hatte großen Einfluss auf den Hof. Nach ihrem Tod wurde sie zur Königin ernannt.

15 000
EINWOHNER
hatte Sevilla zur Zeit von Peter I. Die erste Volkszählung wurde erst im Jahr 1384 vorgenommen.

Kulturelle Vielfalt
Am Portal befinden sich arabische und kastilische Inschriften, Zeichen des friedlichen Zusammenlebens von Muslimen und Christen.

Der Palast von König Peter I.

Der im Alter von 15 Jahren zum König ernannte Peter I. verbrachte seine Kindheit im Alcázar. Er wuchs in einem Umfeld auf, das von Toleranz gegenüber der arabischen und jüdischen Kultur geprägt war. 1364 rief er die besten Künstler, Schreiner und Maler zu sich – fast alle arabischer Herkunft – und ließ von ihnen den Palast erbauen. So gilt sein Wohnhaus als Kompendium der islamischen Kunst der Iberischen Halbinsel, mit Elementen der Alhambra, des Kalifats von Córdoba und der jüdisch-mudejarischen Kunst Toledos. Peter I. wurde kurz nach der Fertigstellung im Jahr 1369 ermordet.

1348
DER SCHWARZE TOD
Durch die Pest starb ein großer Teil der europäischen Bevölkerung, darunter auch König Alfons XI. im Jahr 1350.

1351
KRIEG IN KASTILIEN
Die Anhänger Peters I. und die seines nichtleiblichen Bruders Heinrich II. begannen einen Konflikt, der bis 1369 andauerte.

1391
ANGRIFF AUF DAS JUDENVIERTEL
Hunderte von jüdischen Familien wurden in Sevilla nach einem antisemitischen Aufgebot von den Christen ermordet.

Der Alcázar der Renaissance

Nach der Annexion der muslimisch beherrschten Gebiete und der Kolonisierung von Amerika machten die Katholischen Könige und ihre Nachfolger aus dem Alcázar ein Schlüsselelement ihres Überseereiches.

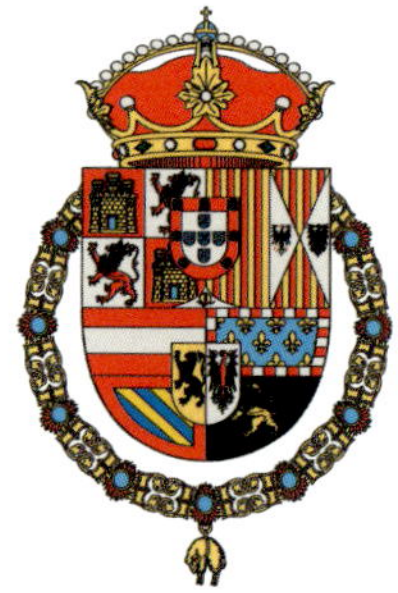

Spanien und Portugal
Das spanische Wappen enthielt unter Philipp II. das Symbol von Portugal, das von 1581 bis 1640 in die politische Struktur der Habsburger integriert war.

Sevilla, Welthauptstadt

Die Katholischen Könige beendeten zwei Jahrhunderte der Anarchie, der Stagnation und der Konflikte zwischen der Krone und der Dynastien von Kastilien und Aragón. Mit der Eroberung des Nasridenreiches Granada – dem letzten arabischen Bollwerk auf der Halbinsel – und die Finanzierung von Christoph Kolumbus' Expedition nach Amerika begann für Kastilien die Eroberung des Kontinents. Isabella I. von Kastilien und Ferdinand II. von Aragón wählten den Alcázar als Wohnsitz und den Königspalast als Sitz für das Vertragshaus. Diese im Jahr 1503 geschaffene Organisation diente dazu, den Handel mit Amerika zu steuern. Das Gebäude wurde auf dem Grundstück des Heiligen Alcázar von Al-Mutamid errichtet. Hierdurch erhielt Sevilla Monopolstatus und läutete ihr goldenes Zeitalter ein.

Galerie
Bei den Umbauarbeiten im 16. Jh. zum Jungfrauenhof hinzugefügt.

Löwe
Ziert die Decke des Raums im Alcázar, in dem anfangs Königin Isabella wohnte.

Isabella I. von Kastilien
Durch ihre visionäre Intuition, Christoph Kolumbus erste Reise zu unterstützen, schuf die Krone von Kastilien im 16. Jh. ein interkontinentales Reich.

Krönung
Nach dem Tod ihres Bruders Heinrich IV. ernannte sich Isabella 1474 selbst zur Königin von Kastilien.

Das Schlafzimmer des Admirals. Die Fassade des früheren Vertragshauses, das die Katholischen Könige als Forschungsstätte für kartografische Studien und Sitz für den Handel mit Amerika erbauten.

Sevilla im 16. Jh.
Am Hafen der Stadt Sevilla – am Fluss Guadalquivir gelegen – fuhren die Schiffe ein und aus, die den europäischen Kontinent mit dem amerikanischen verbanden.

Philipp II.
Unter seiner Herrschaft, von 1556 bis 1598, wurde Spanien zum ersten Reich, das auf allen besiedelten Kontinenten der Welt präsent war.

1526
IN JENEM JAHR
gab Karl V. – König Karl I. von Spanien – Isabella von Portugal im Königlichen Alcázar sein Ja-Wort.

Christoph Kolumbus
Am 12. Oktober 1492 betrat der aus Genua stammende Admiral zum ersten Mal amerikanischen Boden.

Italianisierender Glanz

Im 16. Jh. erlebte Spanien unter Karl V. und Philipp II. seine Blütezeit. Mit dem aus Amerika stammenden Gold wurden prächtige Verschönerungsarbeiten im Stil der italienischen Renaissance vorgenommen: Flachbögen und ionisch-korinthische Säulen mit Verzierungen aus Carrara-Marmor, die von Steinmetzen aus Genua hergestellt wurden. Von Philipp III. bis zum Beginn des 17. Jh. vollendete der mailändische Architekt Vermondo Resta diese Werke und machte aus den früheren arabischen Gemüsegärten des Alcázar manieristische Gärten, reich an Elementen aus der Mythologie, die die Symbolik der Anlage noch weiter verstärkten.

Freskogemälde
Das Bild aus dem 17. Jh. schmückt die Groteskengalerie im Garten des Alcázar.

CHRONOLOGIE. WICHTIGE FAKTEN AUS DER ZEIT

1479
DYNASTISCHE VEREINIGUNG
Isabella I. und Ferdinand II. vereinigten die Königreiche von Kastilien und Aragón.

1492
EROBERUNG VON GRANADA
Die Katholischen Könige nahmen die Hauptstadt des letzten islamischen Reiches ein.

1609
VERTREIBUNG DER MORISKEN
1492 war die Verbannung der Juden aus Spanien beendet.

Der romantische Alcázar

Die Vorliebe der Romantik des 19. Jh. für den Orientalismus und die Verherrlichung der Vergangenheit führte zu den ersten Restaurierungsarbeiten am Alcázar, die keine historische Strenge mehr hatten.

Das Tor von Marchena
1913 ersteigerte König Alfons XIII. dieses gotische Tor aus dem Palast des Herzogs von Arcos in Marchena. Er ließ das Tor am Alcázar anbringen, um die Palastanlage mit dem Garten des Marquis zu verbinden.

Restaurierungsarbeiten
Die Romantik hielt in Spanien erst spät ihren Einzug, verwurzelte sich dann jedoch fest in Sevilla. Kennzeichnend für diese Bewegung war die Verherrlichung der Vergangenheit mit dem Ziel der Bestätigung der nationalen Identität. In der Welt der Künste begann man, historische Bauten nach Baustilen zu klassifizieren. In diesem Zusammenhang stellt der Alcázar ein wahrhaftiges Kompendium der spanischen Kunstgeschichte dar und bot sich als willkommenes Studienobjekt. So begann man 1832 mit den ersten zaghaften Versuchen, den königlichen Palast zu restaurieren.

Almohaden-Turm
Der Englische Garten aus dem frühen 20. Jh. beherbergt den Turm der alten Stadtmauer.

Isabella II.
Königin von Spanien von 1833 bis 1868. Sie überließ den Alcázar dem Herzog von Montpensier als Wohnhaus.

Englischer Garten
Dieser beispielhafte romantische Ziergarten war eine Hommage an Victoria Eugenia de Battenberg, Frau von Alfons XIII.

Alfons XII.
Der erste spanische Monarch, der sich offen als liberal bekannte, war von 1874 bis 1885 König.

CHRONOLOGIE. WICHTIGE FAKTEN AUS DER ZEIT

1812
LIBERALE VERFASSUNG
Die Könige verfassten in Cádiz die erste spanische Carta Magna. Sie wurde 1814 aufgehoben.

1898
KUBA-KRIEG
Während des Kriegs verlor Spanien einen Großteil seines Kolonialreichs nach dem Sieg der USA.

02 | EIN BEEINDRUCKENDER KOMPLEX

Der Königspalast Alcázar

Der Palast, Machtsymbol seiner Bewohner schlechthin, wurde für die Aktivitäten des Königshofs erbaut.

Die großen Imperien der Antike griffen auf die Architektur als Verkörperung ihrer Macht zurück und ließen prunkvolle Palastgebäude mit zahlreichen Nebengebäuden, Innenhöfen, Tempeln und Verteidigungsanlagen errichten. Abgesehen davon, dass sie die Wirtschafts- und Organisationsfähigkeit ihrer Erbauer widerspiegelten, gewährleisteten diese Bauten die Sicherheit der Herrscher. Sie stellten eine klare Abgrenzung des Königshofs von der Außenwelt dar. Die Muslime blieben dieser Konstruktionsweise treu. Als sie sich auf der Iberischen Halbinsel niederließen, trieben sie die Erbauung von zahlreichen Anlagen mit Festungsmauern voran, in denen die Kalifen und Provinzherrscher wohnten. Diese Gebäude, die perfekt auf das al-Andalus – eine Militärgesellschaft mit konstanten Konflikten – angepasst war, wurden *qasr* getauft, wovon der Name Alcázar abstammt. Der sevillanische Palast – in einem strategischen Gebiet der Stadt gelegen – blieb stets seiner ursprünglichen Funktion treu, obwohl er im Lauf der Geschichte zahlreichen Umbaumaßnahmen unterzogen wurde: Er bot seinen Bewohnern Schutz und Komfort, durch eine monumentale Gestaltung, in der sich bauliche und dekorative Elemente vereinten, um die königliche Macht zu unterstreichen.

Botschaftersaal
Der während der Regierungszeit von Peter I. errichtete Saal wurde zum Mittelpunkt der Hofzeremonien.

Mauer
Die Verteidigungselemente des Alcázar weisen strenge Formen auf, im Einklang mit ihrer militärischen Funktion.

Ein heterogener Palast

Aufgrund seines muslimischen Ursprungs und der Entwicklung der Königsresidenz über zehn Jahrhunderte, widerspricht der Alcázar dem traditionellen Konzept des europäischen Schlosspalasts.

Zimmer des Admirals
Vor dem Eingang zu diesem rechteckig angelegten Raum, der im 16. Jh. der Hauptsitz des Vertragshauses wurde, errichtete man eine Galerie im Stil der Renaissance.

Kleine Räume

Im Gegensatz zum Stil der kastilischen Paläste der romanisch-gotischen Epoche und der Renaissance, die gekennzeichnet waren durch eine klare Raumaufteilung und weitläufige, hohe Räume sowie eine Fassade mit zahlreichen Zierelementen, sind für den Alcázar von Sevilla die vielen Innenhöfe prägend. Sie dienten sowohl öffentlichen als auch privaten Zwecken. Die Räume sind eher klein geschnitten und sollten ihren Bewohnern das Gefühl von Behaglichkeit vermitteln.
Alle Räume sind auf maximal zwei Ebenen angeordnet. Schmückende Elemente sind im Gegensatz zu den Bauten christlichen Ursprungs lediglich den Innenräumen vorbehalten, ihre äußere Gestaltung wirkt daher eher nüchtern.

1
Botschaftersaal
Gegen Mitte des 14. Jh. von Alfons XI. als erstes mudejarisches Bauwerk errichtet.

1254
IN JENEM JAHR
ließ Alfons X. den Gotischen Palast errichten – den ersten christlich geprägten Bau.

Isabella v. Portugal
Das Porträt der Frau Karls V. ist Teil der Dekoration des Gewölbesaals.

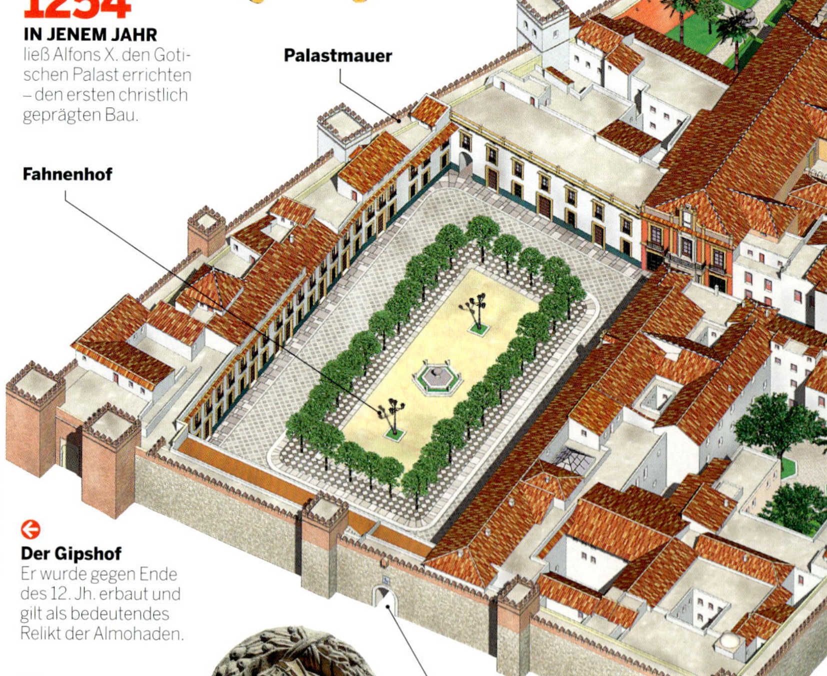

Der Gipshof
Er wurde gegen Ende des 12. Jh. erbaut und gilt als bedeutendes Relikt der Almohaden.

Karl V.
Das Gesicht des Kaisers erscheint auf einem Medaillon im Jungfrauenhof.

4

5

Teichgarten
Ursprünglich als Wasserspeicher genutzt, diente er ab 1575 Erholungszwecken.

Palast von König Peter I.
Er ersetzte den früheren Heiligen Alcázar.

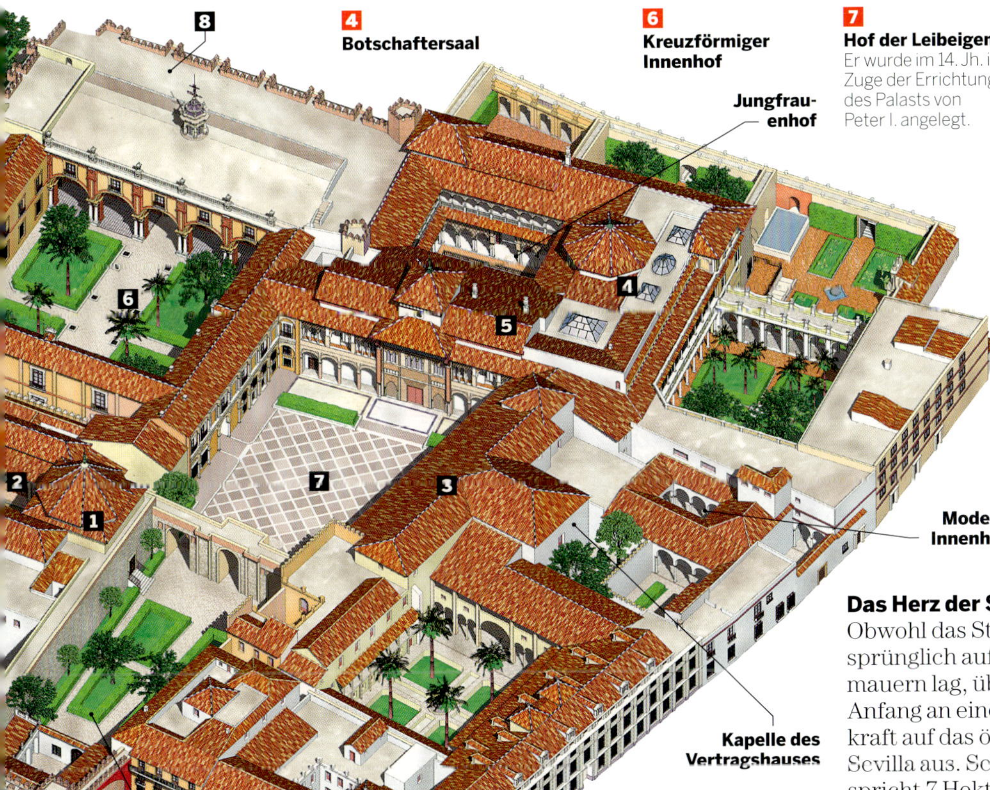

4 Botschaftersaal

6 Kreuzförmiger Innenhof

7 Hof der Leibeigenen
Er wurde im 14. Jh. im Zuge der Errichtung des Palasts von Peter I. angelegt.

8 Gotischer Palast
Alfons X., der zweite christliche König im Alcázar, ließ im Inneren einen gotischen Palast errichten, der den Triumph des Christentums symbolisieren sollte.

1364
IN JENEM JAHR
begann der Bau des Palasts von Peter I., der in nur zwei Jahren vollendet war.

6,5
HEKTAR
beträgt die Gesamtfläche des Alcázar mit seinen Gärten.

Das Herz der Stadt

Obwohl das Stadtzentrum ursprünglich außerhalb der Stadtmauern lag, übte der Alcázar von Anfang an eine starke Anziehungskraft auf das öffentliche Leben von Sevilla aus. Seine Gesamtfläche entspricht 7 Hektar – etwa der Größe eines Fußballfeldes – und ist umgeben von mittelalterlichen und modernen Gebäuden wie der Kathedrale, der Lonja (frühere Seidenbörse), der Königlichen Tabakfabrik (heutige Universität) und dem Krankenhaus „Los Venerables“.

Fliesen
Schmücken den Altar des Oratoriums des Oberen Palasts.

Jungfrauenhof
Der untere Teil des Portikus mit mehrlappigen Bögen ist mudejarisch, die obere Galerie zeigt Einflüsse der italienischen Renaissance.

Das Verteidigungssystem

Solide Mauern von großer baulicher Schlichtheit beschützen die Reichtümer im Alcázar. Aufgrund der verschiedenen Erweiterungen im Lauf der Geschichte besitzt er mehrere Eingänge.

Königswappen
Die Ende des 19. Jh. vom sevillanischen Historiker José Gestoso entworfene Fliese befindet sich am Torbogen zum Fahnenhof.

Die Mauern
Die von einem arabischen Dichter des 11. Jh. als „uneinnehmbar" bezeichneten Mauern des Alcázar wurden im Zuge der Erweiterung des Palasts durch die Taifenkönige emporgezogen. Aus dieser ersten Zeit stammen auch zwei Mauerabschnitte, die einen äußeren Winkel des Fahnenhofs bilden: Sie ziehen sich über den Platz des Triumphes und die Calle Joaquín Romero Murube und erreichen von dieser Ecke aus den Wasserturm neben dem Marchena-Tor, das an das heutige Viertel von Santa Cruz anschließt. Im Gegensatz zu den meisten Teilen der Mauer konnte dieser Abschnitt der tausendjährigen Mauer – der im Lauf der Jahrhunderte zum Hindernis für das demografische, wirtschaftliche und städtische Wachstum wurde – vor dem Abriss im Jahr 1868 bewahrt werden.

18
METER
erreichen die Türme am Abschnitt der Mauer entlang des Platzes des Triumphes. Von ihnen aus konnten die Wachen sowohl die Innen- als auch die Außenbereiche des Alcázar bewachen.

2 **Diamantförmige Spitze**
Diese Verzierungen in Pyramidenform findet man an vielen Festungen in Spanien und Marokko.

1 **Pechnase**
Die Pechnase aus Stein diente den Wachen zur Abwehr von Angriffen.

3 **Turm**
Quadratisch, mit 4,6 Metern Seitenlänge.

ARCHITEKTUR

Die Stadtmauer

Obwohl die Mauern des Alcázar und der Stadt einst voneinander getrennt waren, wurden sie im 12. Jh. unter der Herrschaft der Almohaden miteinander verbunden.

Turm von Abd Al-Aziz

Goldener Turm
1220 errichtet, um Invasionen vom Guadalquivir her zu verhindern. Er ist das letzte große Werk der Almohaden in Sevilla.

7,3
KILOMETER
betrug die Länge der Stadtmauer von Sevilla. Sie umfasste insgesamt 166 Türme und 13 Eingänge.

Material

Es wurden dicke Mauern mit einer Höhe von zwei Metern errichtet, die aus drei Schichten unregelmäßig angebrachter Quadersteine bestehen. Bei den hohen und schmalen Türmen wurde abwechselnd Bruch- und Backstein verwendet. Ein Großteil der Steine der Mauern und Gebäude stammt wohl aus der Römerzeit.

Turm an der Mauer und die Giralda

Mauerwerk

4 Ziegel
Zur Zeit der Almohaden im 12. Jh. zierten sie den oberen Teil der Mauer.

✻ Steine aus Los Alcores
Das Baumaterial für die Mauer stammte aus dem benachbarten Ort Los Alcores.

Kacheln aus dem 19. Jh.

Säule
An einem der Türme oberhalb des Löwentors steht eine Säule aus der arabischen Zeit des Alcázar.

5 Löwentor
Dieses Tor führt zum Jagdhof.

99 METER
misst die Mauer aus dem 11. Jh. am Platz des Triumphes und an der Calle Romero Murube.

Tor aus dem 11. Jh.
Dieses schlichte, urtümliche Eingangstor zum Alcázar befindet sich an der Calle Joaquín Romero Murube.

Kleiner Torbogen
Es ist auch unter dem Namen Tor von Abd al-Aziz bekannt und stellte zu Zeiten der Taifenkönige den Haupteingang zum Alcázar dar.

Silberturm
Der von den Almohaden im 17. Jh. erbaute achteckige Turm diente einst als Aussichtsturm zwischen dem Fluss und dem Alcázar.

Apeadero
Werk des italienischen Architekten Vermondo Resta aus dem Jahr 1609. Die Fassade des Apeadero gilt als Meisterwerk des sevillanischen Manierismus. Eine eiserne Krone und Kacheln mit dem Wappen von Philipp V. bilden den Abschluss des Portals.

Die Eingänge

Das in die Mauer integrierte Löwentor war der Haupteingang des Alcázar. Sein Name stammt von den Kacheln über dem Torbogen, auf denen ein heraldischer Löwe mit Krone und Kreuz abgebildet ist. Dieser Zugang wurde wohl im 14. Jh. geschaffen, um die Herrlichkeit des Palasts von Peter I. hervorzuheben. Ein weiterer bedeutender Zugang zur Anlage ist der Apeadero im Fahnenhof, eine große Vorhalle, die im 17. Jh. erbaut wurde, um die Durchfahrt der Kutschen zu begünstigen. Er ist mit dem Jagdhof verbunden, dem eigentlichen Zentrum des Alcázar.

Fahnenhof
Er war im 11. Jh. die Hochburg des Alcázar. Nach der Eroberung durch die Christen feierte das sevillanische Volk hier die königlichen Zeremonien.

Altarbild
Am Ende des Apeadero gelegen. Es wurde im 17. Jh. aus vergoldetem und bunt bemaltem Holz kreiert.

1894
IN JENEM JAHR
wurden die Kacheln am Löwentor angebracht, als Ersatz für den Farbanstrich.

Tor zum Fahnenhof

Portal des Apeadero

Das Löwentor
Der weiß und rot getünchte Mauerabschnitt, einer der ersten des Alcázar, wurde im 11. Jh. von Al-Mutamid bzw. seinen Vorfahren errichtet.

Keramikdekoration. Zeitgleich mit dem Aufkommen der Romantik und dem verstärkten Interesse der Historiker am Königlichen Alcázar wurden die Eingänge im 19. und 20. Jh. durch die Anbringung von Keramikplatten verschönert, die von sevillanischen Werkstätten angefertigt worden waren. Zu diesen künstlerischen Eingriffen gehören das heraldische Emblem am Löwentor, das Porträt der Adligen Catalina de Ribera y Mendoza, das den Brunnen im Park Jardines del Murillo schmückt, und das Wappen von Philipp V. am Portal des Apeadero.

03 DER ALCÁZAR DER ALMOHADEN
Gipshof und Botschaftersaal

Der Komplex, der einst zum Gipspalast gehörte, stellt den ältesten Bereich des Alcázar von Sevilla dar.

Die Anwesenheit der Araber auf der Iberischen Halbinsel währte acht Jahrhunderte – eine Zeitspanne, die lang genug war, um die arabische Kultur fest zu verankern. Den Emiren und Kalifen von Córdoba und den Taifenkönigen von Sevilla, die der Halbinsel Arábiga entstammten, folgte ab dem 12. Jh. die Herrschaft der aus dem Maghreb stammenden Berber. Eine ihrer Kasten, die Almohaden, schuf ein großes Reich im Norden und Süden von Gibraltar und ließ in diesem Gebiet den ursprünglichen und unverfälschten Islam wieder aufleben. Sevilla wurde die Hauptstadt des europäischen Teils des Reiches und unterhielt enge Beziehungen zu Marrakesch, dem Sitz der Almohadenherrscher. Diese privilegierte Situation führte zu einer großen Anzahl von Gebäuden, die in der andalusischen Stadt noch immer zu bewundern sind. Am Alcázar nahmen die Almohaden mehrere entscheidende Eingriffe vor, wie die Erweiterung der Mauern und den Bau des Gipspalasts, dessen Name ihm aufgrund seiner Gipsverzierungen verliehen wurde. Die königliche Residenz umfasste die Räume links des Jagdhofs. Dazu gehörten auch der Gipshof aus dem 12. Jh. und der Botschaftersaal mit den Zierelementen aus dem 14. Jh., die Zeugnis für die ersten mudejarischen Einflüsse im Palast ablegen.

Verzierung
Die Laibung des Eingangsbogens zum Gerichtssaal weist Pflanzenformen und arabische Inschriften aus Gips auf.

Kapitelle
Von der Architektur der Stadt Córdoba im 10. Jh. inspirierte Kapitelle krönen die Marmorsäulen des Portikus im Gipshof.

Ein Herrenhaus

Die im späten 19. Jh. entdeckte Struktur des ehemaligen Gipshofs ist die einzige, die bis heute bewahrt wurde und weist die typischen Merkmale der almohadischen Zivilarchitektur auf.

Gipsarbeiten
Die arabischen Inschriften an den Verzierungselementen des Gerichtssaals sind Ergebnis der kulturellen Kreuzung, die nach der christlichen Eroberung stattfand.

Ursprüngliche Anordnung

Nachdem sich die Almohaden im Alcázar niedergelassen hatten, rissen sie die Bauten ihrer Vorgänger ab und schufen ein Raster aus unabhängigen Palästen, um die privilegierten Stände dort unterzubringen. Eine dieser neuen Residenzen war der Komplex, der in der christlichen Zeit den Namen Gipspalast trug und aus einem zentralen Hof und zwei gegenüberliegenden Galerien bestand, von denen die an der südöstlichen Seite noch erhalten ist. Die Anlage hatte wohl auch längliche Alkoven und eine *Qubba*, einen quadratischen Raum, typisch für die islamische Architektur, der im 14. Jh. als Gerichtssaal wieder aufgebaut wurde.

1885
IN JENEM JAHR
fand der Historiker Francisco Tubino die Überreste des Gipspalasts. Seine Restaurierung erfolgte im frühen 20. Jh.

Fliesen
Der Boden des Gerichtssaals ist mit Fliesen mit bunten Blumenverzierungen geschmückt.

1 Zisterne
In der Almohaden-Zeit war sie schmäler und länger. Von einer Zypressenhecke umgeben.

2 Säulen
Die Schäfte der Säulen, die die Bögen stützen, wurden bei der Restaurierung im 20. Jh. angebracht.

3 Achteckiges Dach

Mauer. Im Löwenhof, hinter dem Gerichtssaal. Einer der Überreste des almohadischen Alcázar.

4
Fries
Er besteht aus Blindbögen mit Pflanzenverzierungen und heraldischen Emblemen.

5
Galerie mit Säulengang

Muqarnas

Kanal

Nordwestflügel

Dekoration
Die gelappten Formen der Bögen des Portikus wiederholen sich, um eine Netzstruktur zu bilden.

170
QUADRATMETER
beträgt die ungefähre Grundfläche des Gipshofs, wenn man die Galerie in die Fläche mit einbezieht.

Ziergitter
Aus Gips hergestellt. Dimmt das Tageslicht, das in den Gerichtssaal einfällt.

6
Hufeisenbögen
Am mittleren Abschnitt des Portikus. Sie verliehen Zutritt zu einem Raum mit seitlichen Alkoven.

24
METER
beträgt die Höhe des Gerichtssaals an seinem höchsten Punkt.

7
Gerichtssaal
In der Mitte des Raums befindet sich ein Brunnen, der zur Zisterne im Hof führt.

ARCHITEKTUR. DIE BEDEUTUNG DER INNENHÖFE

In der islamischen Wohnarchitektur war der Innenhof der Raum, um den herum sich das häusliche Leben entfaltete. Er verband die verschiedenen Räume miteinander und trug durch das Vorhandensein von Wasser und Pflanzen zur Belüftung und Wärmeregulierung bei.

Der Generalife in Granada

Der Gipshof

Die im 17. Jh. erbaute Achse des Gipspalasts zeigt die gemäßigte Dekoration der Almohaden, deren Geist in die spanisch-islamische Kunst einfloss.

Wandmalerei
An einem der Blindbögen des Nordwestflügels ist noch ein Fries erhalten, das wahrscheinlich im Zuge der Umbaumaßnahmen des Hofs im 16. Jh. angefertigt wurde.

Galerie mit Bogengang
Sein originelles Aussehen geht auf das Becken in der Mitte und die Galerie an der Längsseite zurück. Der Gipshof erinnert an die Glanzzeiten Córdobas im 10. Jh., wie sie auch der Palast Madinat al-Zahra veranschaulicht und die grenadische Architektur des 14. und 15. Jh., verkörpert durch die Alhambra. Das Portal im Südosten, das einzige Relikt der almohadischen Gipskunst, setzt sich aus drei Modulen zusammen: Der mittlere Bereich wird durch zwei Backsteinsäulen mit quadratischem Grundriss gehalten, die wiederum einen Zierbogen stützen, den Ornamente im Stil der *Sebqa* schmücken, eine Art von Ornamentik, die auf der Wiederholung geometrischer und naturalistischer Formen aufbaut. Die zwei seitlichen Module sind identisch und umfassen drei Spitzbögen, deren obere Fassaden ebenso Elemente der *Sebqa* aufweisen.

Nordwestflügel
Der Dreifachbogen verweist auf die kalifischen Modelle des 10 Jh. vor der Ankunft der Almohaden.

Kapitell
Mit Akanthusblättern dekoriert. Es weist Löcher auf, die mit dem Bohrmeißel gebohrt wurden.

1 2 3 4
Ikonografie
Die architektonischen Elemente des Hofs vereinen geometrische Formen mit Pflanzenverzierungen.

1

2

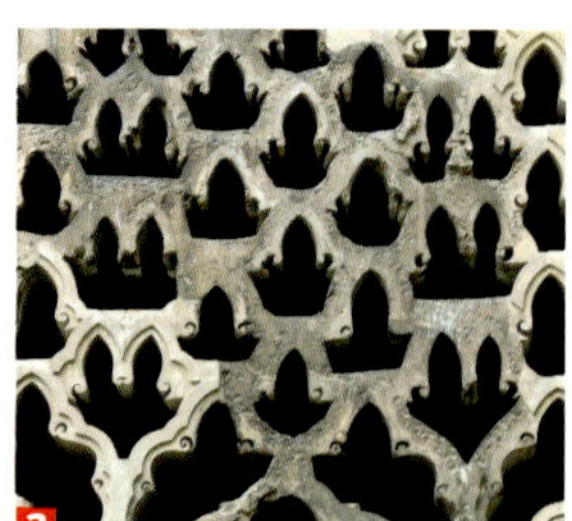
3

4

Die Gipsarbeiten

Gips war ein wesentliches Element der spanisch-islamischen Architektur, wie im Alcázar zu sehen ist. Er wurde ursprünglich verwendet, um bescheidene Baumaterialien zu verstecken.

Sebqa
Die von den Almohaden vorgenommene Dekoration des Gipshofs hebt sich durch ihren schlichten Stil ab, der auf klaren Linien basiert.

Arabesken
Nach der christlichen Eroberung entwickelten die Handwerker im Alcázar raffiniertere Gestaltungsformen, sowohl von der kalifatischen Kunst als auch von den Werkstätten von Toledo beeinflusst.

Formenstrenge
Der religiöse Purismus der Almohaden spiegelt sich in einem Dekorationsstil ohne überflüssige Elemente wider.

2003
IN JENEM JAHR
begann die Restaurierung der farbenfrohen almohadischen Gipsverzierungen, die im Gipshof heute noch erhalten sind.

Ursprung
Der von den Muslimen im 10. Jh. auf der Iberischen Halbinsel eingeführte Gebrauch von Gips geht auf das Sassanidenreich zwischen dem 3. und 7. Jh. zurück.

Moschee von Córdoba, 10. Jh.

Symmetrie
Die Wiederholung von ornamentalen Motiven erzeugte dynamische Kompositionen.

Naturalismus
Um die Gipsverzierungen auszuarbeiten, griffen die mudejarischen Handwerker auf Naturformen wie Blätter, Blüten und Stängel zurück, sowie auf Elemente von symbolischer Bedeutung wie die Muschel, ein Zeichen der Fruchtbarkeit.

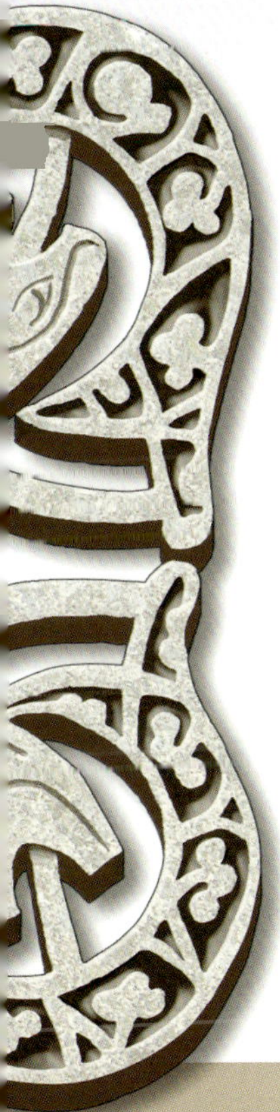

Inschriften
Obwohl sie während der christlichen Herrschaft angefertigt wurden, weisen viele Gipsarbeiten im Alcázar Inschriften in arabischer Sprache auf, die Gott und die Monarchie preisen.

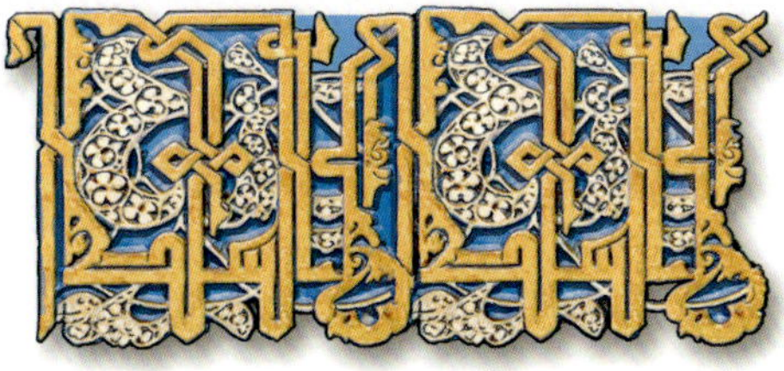

1833
IN JENEM JAHR
wurde an den Gipsarbeiten des unteren Stockwerks des Puppenhofs zum ersten Mal eine Restaurierung vorgenommen.

Geometrische Motive
Die Verwendung von Vielecken und Schlingen erzeugte dichte Kompositionen, die den architektonischen Raum füllen sollten.

Techniken
Die Formen aus Holz ermöglichten es, geometrische, epigrafische und florale Motive zu schaffen. Für Detailarbeiten verwendete man Messerschnitt.

Verschiedene Schnitzebenen

Mit Formen kreierte Motive

Vielfarbigkeit
Die Gipselemente waren rot, grün, weiß, schwarz und blau. Ebenso wurde Gold verwendet, um ihre Pracht hervorzuheben, sowie eine Imprägnierschicht aus Öl.

Botschaftersaal

Der Mudejar-Stil, eine Synthese von islamischen und christlichen Kunstelementen, wurde im Alcázar erstmals in diesem von Alfons XI. von Kastilien erbauten Raum verwendet.

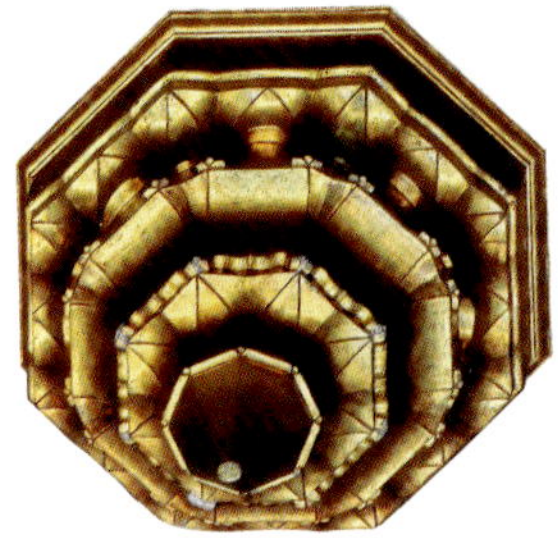

Muqarnas
In der Mitte der Kassettendecke, die den Raum überdacht, wurden verschiedene Holzstücke kombiniert, um eine kiefernzapfenähnliche Struktur zu bilden

Schauplatz von Urteilen

Der Botschaftersaal mit seiner würfelförmigen Struktur war wohl einst eine Qubba des almohadischen Palasts, die Alfons XI. Mitte des 14. Jh. hatte bauen lassen, um seinen Sieg über die Meriniden bei der Schlacht am Salado zu feiern Aus dieser Zeit stammen auch die Gipsverzierungen, die Akanthusblätter, Inschriften und Deckentäfelungen. In den Ecken des Raums sieht man zahlreiche Ornamente, in der Mitte eine Muqarnas-Decke. Obwohl der Botschaftersaal erst unter Alfons XI. sein heutiges Aussehen erlangte, erhielt er seinen Namen durch dessen Vorfahren Peter I., dem Grausamen, der die Angeklagten von seinem Thron aus verurteilte.

Islamischer Einfluss
Der Saal hat einen Brunnen und an den Wänden mudejarische Gipselemente.

Wappen von Kastilien
Erscheint am oberen Fries des Raums, wie auch das Emblem des Königreichs León.

81
QUADRATMETER
beträgt die Fläche des quadratischen Botschaftersaals

Holzgewölbe

Pflanzenformen

Fliesen am Eingangsbogen

ROLO. IVET. ALOISIAE. CONJUGI
SPALIM. ADVENTU. SUO. BEANTIBUS
GIA. SCIENTIARUM. ACADEMIA
PTIMIS. ATQUE. OPTATISSIMIS
REGIBUS. DEDICAVIT
AL. MART. ANNO. CDDCCXCVI.

04 DAS VERTRAGSHAUS

Der Jagdhof und das Admiralszimmer

Während zwei Jahrhunderten wurde das spanische Reich von den zum Jagdhof gelegenen Räumen regiert.

Gleichzeitig mit der Erbauung des Palasts von Peter I., die von 1364 bis 1366 dauerte, wurde innerhalb der Mauern des Alcázar ein weiträumiger Innenhof an der Stelle errichtet, wo sich früher ein Teil der Residenz der Taifenkönige befunden hatte. Dieser trapezförmige Platz verwandelte sich bald in das Zentrum des Adels, der sich dort nach der Jagd traf. Vor diesem Hintergrund entstand auch die Bezeichnung. Zu Beginn des 16. Jh. und mit der Gründung des Vertragshauses durch die Katholischen Könige erhielt der Innenhof dann seine wahre Bestimmung und wurde zum Dreh- und Angelpunkt des Alcázar. Das Vertragshaus, das ab 1504 den westlichen Teil des Innenhofs belegte, wurde zu dem Zweck gegründet, den Handel mit Amerika zu steuern, dessen Kolonialisierung elf Jahre zuvor begonnen hatte. So wurde dieser Bereich zwei Jahrhunderte lang das logistische Zentrum des ersten Weltreiches in der Geschichte der Menschheit. Denn von hier aus bewerkstelligte man die große Herausforderung, die im sevillanischen Hafen eintreffenden amerikanischen Waren zu kontrollieren und entsprechende Gesetze zu erstellen, die die Handelsbeziehungen zu Amerika regeln sollten. Weitere Aufgaben des Vertragshauses waren die Auswahl der Kapitäne, die die Schiffe über den Ozean steuerten und die Ausbildung von Kartografen.

Vertragshaus
Durch eine Galerie mit Säulengang gelangt man zum Admiralszimmer, von wo aus der Handel mit Amerika gesteuert wurde.

Verzierung
Der Kapitelsaal – Sitz der Führer des Vertragshauses – ist mit Wappen an den Wänden und einer schmückenden Kassettendecke verziert.

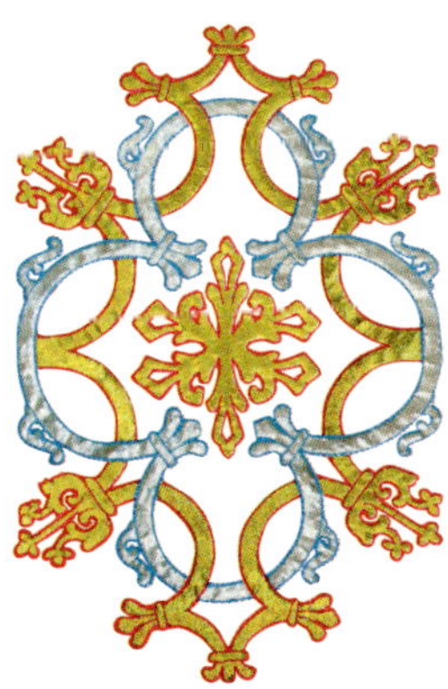

Jagdhof

Um diesen bedeutenden Innenhof, der christlichen Ursprungs ist, sind die allerwichtigsten Räume des gesamten Komplexes angeordnet.

1

Vier Seitenflügel
Aufgrund der Vorliebe der Araber für das Atrium – einen Hof, der den Eingangsbereich zu den römischen Häusern darstellte – verfügt der Alcázar über mehr als zehn Innenhöfe, die im Lauf der Jahre immer wieder erweitert wurden. Der Jagdhof, der zur Zeit der Christen erbaut wurde, hat hierbei zentrale Bedeutung. Der Jagdhof mit seiner Trapezform, der von der mudejarischen Fassade des Palasts von Peter I. beherrscht wird, führt zu allen bedeutenden Räumen des Komplexes: zum Löwenhof im Westen, der den Ein- und Ausgang aus dem Gebäude darstellt; zum Palast von Peter I. im Osten, der bis zum 14. Jh. die königliche Residenz war; zum Kreuzförmigen Innenhof im Norden, welcher dann weiter zum Gotischen Palast führt und zu den Zimmern des Admirals im Süden, wo sich vom 14. bis zum 18. Jh. das Vertragshaus befand.

Monumentaler Raum
Der Jagdhof mit seinen großen Abmessungen dient als Vorhalle des Palasts von König Peter.

Rosette
Mit einer Krone verziert. Sie befindet sich an der Fassade des Oberen Palasts, die zum Hof zeigt.

1
Almohadische Mauer
Die dreibögige Mauer an der Westseite, aus muslimischer Zeit, führt zum Löwenhof.

KUNST. HERALDISCHE WAPPEN

Am Mittelbogen der almohadischen Mauer sind Überreste der Mudejar-Verzierungen und heraldische Wappen der christlichen Könige von Kastilien-León erhalten.

Der Nordflügel
1755 passte man den Stil der Nordfassade dem der Südfassade an: backsteinerne Rundbögen auf Marmorsäulen mit toskanischen und ionischen Kapitellen, diesmal jedoch ohne Galerie

Brunnen aus weißem Marmor

Kapitell einer Säule der Galerie

Vertragshaus. Die Hauptfassade ist im Renaissance-Stil gestaltet.

1717
IN JENEM JAHR
verlegte man den Sitz des Vertragshauses nach Cádiz, dessen Hafen besser gelegen war als der von Sevilla.

1998
IN JENEM JAHR
wurde der Boden des Innenhofs erneuert. Während den Renovierungsarbeiten fand man Überreste des Almohaden- Palasts aus dem 12. Jh.

Der Südflügel
Es überrascht, dass sich das monumentalste Element des Innenhofs – die Fassade des Palasts von Peter I. – eine Ebene tiefer befindet. Im 16. Jh. versuchte man, die drei übrigen Fassaden im Stil der Renaissance zu vereinheitlichen. Jedoch wurde nur die Südseite erneuert – die Fassade des Vertragshauses. 1588 entstanden so zwei Ebenen aus backsteinernen Rundbögen: toskanische Kapitelle im unteren Bereich und ionische Kapitelle auf der oberen Ebene. Erst im 18. Jh. passte man die gegenüberliegende Fassade an.

Admiralszimmer

Dieser Name steht für die Räume, die vom Vertragshaus besetzt wurden. Sie gingen aus den im 16. und 17. Jh. am Südflügel des Jagdhofs vorgenommenen Umbauarbeiten hervor.

Karavelle
Neben dem Altar der Kapelle ist das Modell eines Schiffs dargestellt, das auf den Einfluss des Vertragshauses im Bereich des Seeverkehrs anspielt.

Der Kapitelsaal
In dem quadratisch angelegten Kapitelsaal fanden einst die Treffen der großen Seefahrer und Geografen des Vertragshauses statt. Die Deckentäfelung stammt aus dem 16. Jh. Vorherrschendes Element des Raums ist jedoch das Altarbild mit der Jungfrau und den Seefahrern – eines der ersten Heiligenbilder, das im Zusammenhang mit der Entdeckung Amerikas entstand. Zu sehen sind außerdem auch Darstellungen verschiedener Schiffstypen der spanischen Flotte. Das Altarbild wurde im Jahr 1535 von dem deutschen Künstler Alejo Fernández angefertigt. Das ikonografische Programm der Kapelle wird mit den Verzierungen an den Mauern vollendet, an denen die verschiedenen Wappen der Admirale von Kastilien zu sehen sind. Darunter befindet sich auch das von Christoph Kolumbus.

Christoph Kolumbus
Laut einigen Autoren erscheint er neben anderen berühmten Seefahrern.

90
QUADRATMETER
beträgt die ungefähre Gesamtfläche der Kapelle.

Wappen
Gehört zu Diego Gutiérrez de Ceballos, Admiral des 14. Jh.

Naturalistische Dekoration

Sterne der Kacheltäfelung des Altars

Reliefs mit Infanten

Iberoamerika-Ausstellung von 1929

Luisa Fernanda von Bourbon

Antoine d'Orléans

Gemälde
Das Admiralszimmer weist eine bedeutende Sammlung von Gemälden aus dem 19. und 20. Jh. auf. Neben Werken im akademischen Stil stechen romantische Porträts von königlichen Personen hervor, wie Antoine d'Orléans und Luisa Fernanda von Bourbon, Herzoge von Montpensier.

Die anderen Säle

Das Vertragshaus wurde im Lauf der Geschichte zahlreichen Umbaumaßnahmen unterzogen, um sich dem neuen Nutzen anzupassen. Diese Entwicklung zeigt sich in der Namensgebung der Räume, wie dem Fächer- und dem Militärzimmer. Der größte erhaltene Raum ist das Admiralszimmer, dessen Name auf König Ferdinand III. von Kastilien zurückgeht. In diesen Räumen, die Isabella die Katholische nutzte, um Christoph Kolumbus nach seiner zweiten Amerikareise zu empfangen, wurden bedeutungsvolle Expeditionen geplant, wie die erste Weltumsegelung von Ferdinand Magellan und Juan Sebastián Elcano im Jahr 1522.

1

Rundbogen
Mit einem schmiedeeisernen Tor, das den Durchgang zwischen Löwenhof und Militärzimmer kanalisiert.

Admiralszimmer
Der ehemalige Sitz des Vertragshauses hat eine Decke mit Holztäfelung, die aus dem 16. Jh. stammt.

1 Wappen
Befindet sich am Haupteingang des Admiralszimmers.

218
QUADRATMETER
beträgt die Gesamtfläche des Admiralszimmers.

Militärzimmer
Im Innenhof steht ein achteckiger Marmorbrunnen.

Moderne Innenhöfe

Die drei Innenhöfe hinter dem Admiralszimmer waren einst in das Haus des Assistenten integriert: in diesem Wohnkomplex waren die höchsten öffentlichen Amtsträger Sevillas untergebracht.

Löwe
In weißen Marmor gehauen. Dieses Tier, das mit der königlichen Macht assoziiert wird, ziert einen Sockel an der Mauer gegenüber der Galerie des Hofs der Levíes.

Mannigfaltige Typologien
Der hintere Bereich des Admiralszimmers – in dem sich einst Küchenräume und verschiedene administrative Räume befanden – wurde im 18. Jh. renoviert und diente von da an als Wohnung für den königlichen Repräsentanten. Dieser Bereich, der zwischen dem Prinzengarten und dem Kapitelsaal liegt, unterteilt sich in drei Innenhöfe: Der Hof des Assistenten im kastilischen Stil, der aus zwei Ebenen besteht und den toskanische Säulen aus Marmor zieren, auf denen eine Galerie aus Holz ruht; der Hof der Levíes, dessen manieristisch gestaltete Bögen aus dem gleichnamigen Haus im Judenviertel stammen – dem heutigen Viertel Santa Cruz; und der Hof von Joaquín Romero Murube – ein Innenhof im romantischen Stil, der dem Erhalter des Palasts von 1934 bis 1969 gewidmet ist.

Hof der Levíes
Mit einer Zisterne ausgestattet. Seine Galerie besteht aus vier Rundbögen, die auf schlanken Säulen ruhen.

Relief mit Skulpturen
Die Sockel der Säulen des Hofs der Levíes sind mit mythologischen Wesen verziert.

Hof des Assistenten
Dieser rechteckige Hof liegt neben dem Prinzengarten.

Teich im Hof der Levíes

Zugang zum Hof der Levíes

Brunnen im Hof v. Joaquín Romero Murube

05 DER MUDEJARISCHE ALCÁZAR

Der Palast von Peter I.

Der kastilische Monarch hatte eine Vorliebe für arabische Kunst und erbaute seinen Palast im Mudejar-Stil.

In der zweiten Hälfte des 14. Jh. versammelte der kastilische König und Bewunderer der arabischen Kunst, Peter I. – auch der Grausame genannt – verschiedene arabische und jüdische Berater und unterzeichnete einen Pakt mit dem nasridischen Sultan von Granada, seinem theoretischen Feind. Durch dessen Unterstützung wollte er sich besser vor inneren Feinden schützen. Dank dieser offenen Haltung, was die islamische Kultur und Religion betraf, entstand im Alcázar der Palast von Peter I. Der kastilische Monarch hatte großen Respekt vor der Architektur der Araber und ließ Künstler und Handwerker arabischer Abstammung aus Toledo, Granada und Sevilla in den Hof kommen, um den neuen Palast im mudejarischen Stil zu erbauen. Diese Kunstrichtung, die von 1364 bis 1366 umgesetzt wurde, kombinierte die künstlerischen Elemente zweier Völker, die trotz vieler Kämpfe und Zusammenstöße nun schon seit acht Jahrhunderten auf der Halbinsel zusammenlebten. So sieht man an den Palastmauern Inschriften wie „Unser herrlicher Sultan Peter I., dass Allah ihn schütze!" – ein klares Zeichen für die Verschmelzung beider Kulturen. Nach der Erbauung wurde der Palast zum Wohnhaus der kastilischen Könige.

Pfauenaugenbogen
Der Name des mit Naturmotiven verzierten Zugangs zum Botschafter-Saal kommt von den zwei Pfauen, die ihn umrahmen.

Ikonografie
In Räumen wie der Königlichen Alkove werden Embleme der christlichen Königreiche mit muslimischen Symbolen kombiniert.

Eine Residenz im Mudejar-Stil

Der von König Peter I. auf dem Grundstück des Heiligen Alcázar erbaute Palast ist um einen großen Innenhof herum angelegt, im Einklang mit der islamischen Architekturtradition.

Schloss
Der Boden der Infantenzimmer ist mit Fliesen verziert, auf denen Wappenbilder dargestellt sind.

Die Umgestaltung des Palasts

König Peter I. ließ große Teile des Palasts umgestalten: die Bereiche südlich des Gotischen Palasts sowie den Kreuzförmigen Innenhof. Er ließ den Palast aus dem 11. Jh. vollständig niederreißen und an dessen Stelle eine neue Residenz errichten, die auf den Jagdhof hinausführte, den er ebenso neu gestalten ließ. Ganz im Sinne seiner großen Vorliebe für die islamische Kunst konnten die geschickten arabischen Künstler und Handwerker bereits zwei Jahre später den fertigen Palast übergeben. Sie hinterließen für immer ihre unverwechselbaren Spuren an allen Verzierungsornamenten der Palastanlage.

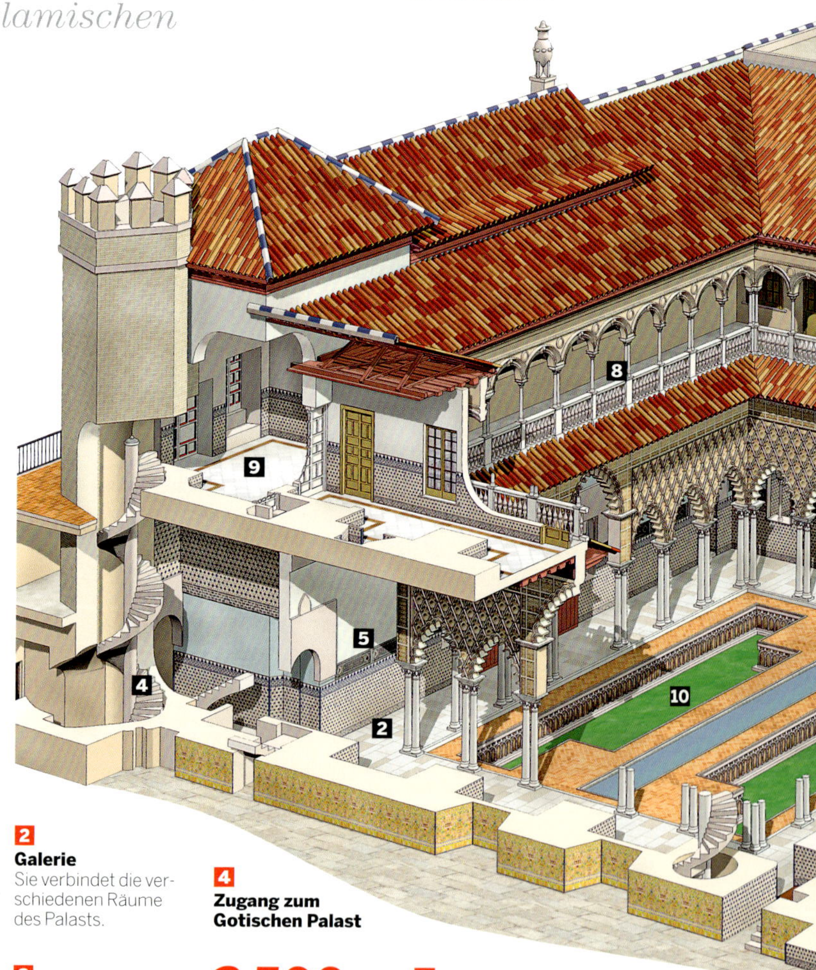

1 Botschaftersaal. Er wurde von den Königen als Thronsaal genutzt. Hier fanden offizielle Empfänge statt, weshalb der Raum besonders prächtig ist.

2 Galerie
Sie verbindet die verschiedenen Räume des Palasts.

3 Königliche Alkove
Der Raum, in dem sich das Schlafgemach des Königs befand, hat eine Sommer- und eine Winteralkove.

4 Zugang zum Gotischen Palast

3 500 QUADRATMETER
beträgt die Grundfläche zusammen mit dem Jungfrauenhof und dem Puppenhof.

5 Saal mit der Decke Karls V.
Sie hat eine reich verzierte Täfelung mit Damen- und Herrenbüsten aus dem 16. Jh.

6 Hauptfassade
Sie ist das monumentalste Portal der ganzen Alcázar-Anlage.

7
Kuppel
Die Kuppel aus Holz stellt das Himmelsreich dar.

8
Obere Galerie
Ihre Renaissance-Bögen heben sich von den Bögen der unteren Galerie ab.

9
Oberer Palast
Auf der zweiten Ebene. Von den Katholischen Königen erweitert.

Lüster
Auf den Fries an der Decke des Saals der Katholischen Könige gemalt, der sich im Südflügel befindet.

Zwei Innenhöfe für zwei Zwecke

Der Palast ist um zwei Innenhöfe angeordnet. Der Jungfrauenhof, der größere, führte zu den öffentlichen Räumen, während der achtmal kleinere Puppenhof zu den Privaträumen führte. Beide Achsen kreuzen sich im monumentalen Botschaftersaal, der als Knotenpunkt für die öffentlichen und privaten Räume diente. Dieser Saal und die beiden Innenhöfe sind die einzigen Räume des Palasts, die sich über zwei Etagen erstrecken.

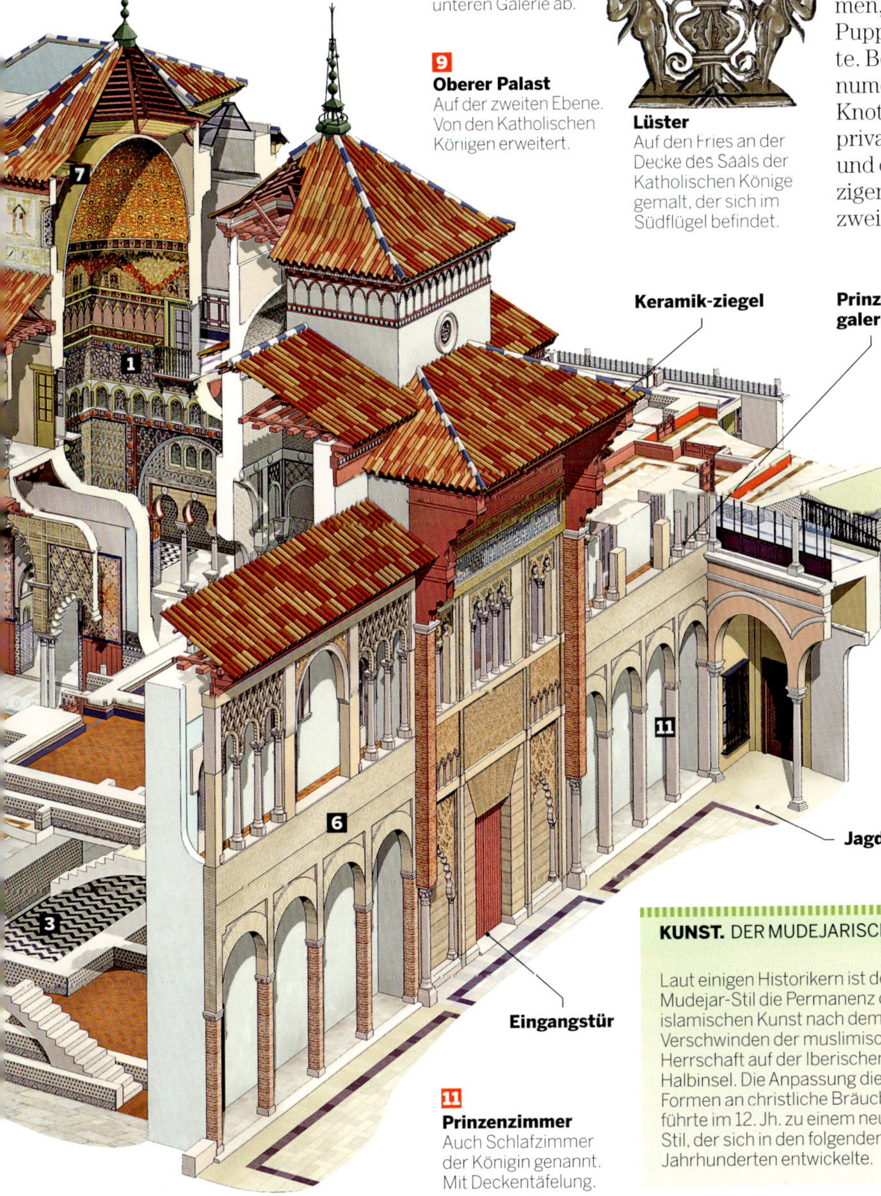

11
Prinzenzimmer
Auch Schlafzimmer der Königin genannt. Mit Deckentäfelung.

Jungfrauenhof

Puppenhof

KUNST. DER MUDEJARISCHE STIL

Laut einigen Historikern ist der Mudejar-Stil die Permanenz der islamischen Kunst nach dem Verschwinden der muslimischen Herrschaft auf der Iberischen Halbinsel. Die Anpassung dieser Formen an christliche Bräuche führte im 12. Jh. zu einem neuen Stil, der sich in den folgenden Jahrhunderten entwickelte.

Hufeisenbögen

Die Hauptfassade

Der Portikus des Palasts – ein Meisterwerk der mudejarischen Kunst – hebt sich durch seine sorgfältige Gestaltung, die das ornamentale Reichtum der Anlage vorwegnimmt, von den anderen Fassaden des Jagdhofs ab.

Heraldische Symbole
An den Gipsverzierungen der Fassade erscheinen Embleme von Peter I.: Das Wappen des Ordens Orden de la Banda und das Symbol von Kastilien.

Das Portal an der Fassade

Das Portal an der Fassade steht paradigmatisch für die Gesamtkonstruktion des Palasts, da an seiner Erbauung Handwerker verschiedener Kulturen beteiligt waren. An seinem Fundament aus Bossenwerk, das einen helldunklen Hintergrund bildet, errichteten sevillanische Künstler eine Reihe von Blindbögen seitlich des Tors, während die Steinmetzarbeiten der Sebqa weiter oben auf den Bau der nahegelegenen Giralda zurückgehen. Der Rahmen des Türsturzes mit den elf Wölbsteinen und den Pflanzenmotiven wurde von Künstlern aus Toledo geschaffen. Zwischen den Wölbsteinen und den Fenstern im oberen Stock ruht eine Reihe von kleinen Blindbögen auf zierlichen Säulen.

Schnitzereien

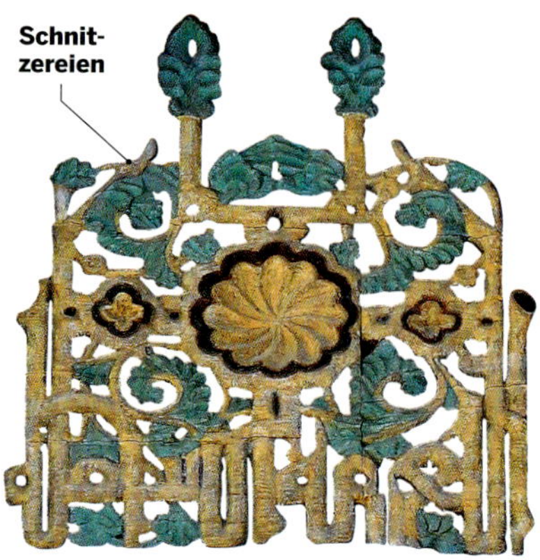

35 METER beträgt die Breite der Hauptfassade des Palasts von Peter I. mit dem mittleren und seitlichen Bereich.

Löwe
An der mittleren Gipsverzierung. Spielt auf die königliche Macht und Kastilien-León an.

Gleichgewicht
Die Fassade ist in drei vertikale Abschnitte unterteilt: ein mittlerer, der sich von der Einheit abhebt und das Hauptelement ist, und zwei symmetrische Seiten.

Zierelement
Am Fries am Vordach, das die Fassade krönt, erscheinen Blindbögen, an denen Pflanzenkompositionen aus der islamischen Kunst mit arabischen Epigrafien kombiniert werden.

1 Galerie
Mit Säulen und Bögen aus Backstein. Sie wurde bei Restaurierungsarbeiten Mitte des 20. Jh. entdeckt.

2 Backsteinsäulen
Sie ruhen auf Marmorsäulen mit almohadischen Kapitellen und umrahmen den mudejarischen Portikus.

Dach des Oberen Palasts

Türsturz

Wappen von León

Inschriften am oberen Fries

Blndbögen

3

Fenster
Schlanke Marmorsäulen stützen mehrlappige Bögen, die mit Keramikverzierungen dekoriert sind.

Die Inschriften

Oberhalb des mudejarischen Portals befindet sich ein großer Fries mit arabischen Schriftzeichen. Bis zu achtmal wiederholt sich hier der Leitspruch der nasridischen Dynastie von Granada: „und es ist nicht der Sieger, es ist Allah“. Daneben befinden sich am Rand gotische Kalligrafien, die Aufschluss geben über die Erbauung des Palasts während der Herrschaft von Peter I. An den Blindbögen ist zu lesen: „Das Reich Allahs“.

1364

IN JENEM JAHR
wurde die Fassade errichtet, wie in der Inschrift mit gotischen Buchstaben am oberen Abschnitt des Portikus angegeben ist.

28

METER
ist die ungefähre Höhe der Fassade des Palasts. Sein Eingangstor ist 4,2 Meter hoch.

4

Kapitelle
Die Kapitelle, die die Säulen an der Hauptfassade schmücken, sind mit Ornamenten aus der Pflanzenwelt verziert.

NOBLE E T MUI PODEROSO T MUY CONQUER

Jungfrauenhof

Dieser rechteckige Gartenbereich, von einer Galerie aus mudejarischen Bögen auf weißen Marmorsäulen umgeben, war der Kernort, um den herum die öffentlichen Aktivitäten des Palasts ausgetragen wurden.

Dreh- und Angelpunkt des öffentlichen Lebens

Der Jungfrauenhof wurde wohl ursprünglich als Erholungsort konzipiert, der dem Vergnügen der Palastbewohner diente. Der vorzeitige Tod von Peter I. ließ den Bau unvollendet, sodass die Nachfolger des kastilischen Monarchen den Hof ihren neuen Bedürfnissen anpassten und ihn zum Dreh- und Angelpunkt des öffentlichen Lebens machten, mit dem Botschaftersaal – wo der König seine Untertanen empfing – an einem Ende und dem Saal des Dachs von Karl V. – ursprünglich eine Kapelle – an einer Seite. Der Hof mit Säulengang öffnet sich zum Himmel auf zwei Ebenen. Die untere, mudejarische Ebene aus dem 14. Jh. weist mehrlappige, almohadisch inspirierte Bögen auf. Die obere – im 16. Jh. hinzugefügt – besteht aus ionischen Säulen und Kapitellen und ist mit klassischen Motiven verziert.

Lage
Der Hof hat eine Nord-Süd-Ausrichtung bis zur Fassade des Botschaftersaals.

„Plus ultra"
Der von Kaiser Karl V. verwendete Wappenspruch erscheint am Fries des Hofs neben seinen Reichswappen.

21
METER
Gesamtlänge erreicht der Hof. Seine Breite beläuft sich auf 15 Meter.

KUNST. RENAISSANCE-MEDAILLONS

An der Galerie im oberen Bereich sieht man Medaillons mit den Gesichtern von Kaiser Karl V. und Isabella von Portugal, die im Jahr 1526 im Alcázar heirateten.

Isabella von Portugal

Karl V.

Bogenwerk
Die aus Backstein errichteten Arkaden zieren die Mauer, die vom Boden bis zur Galerie verläuft.

Deckentäfelung
Aus dem 15. Jh. Schmückt die Galerie.

Kacheltäfelung. Farbenfrohe Fliesen mit geometrischen Figuren.

1561
IN JENEM JAHR
wurden einige der älteren Säulen der unteren Galerie ersetzt. Zwei Jahre später folgten dann auch die übrigen Säulen.

60
BÖGEN
umfasst die Galerie. Bei den unteren 24 Bögen handelt es sich um Spitzbögen, die oberen 36 Bögen sind Rundbögen.

Der Palastgarten

Mehr als vier Jahrhunderte lang war der Garten mit einem Marmorboden bedeckt, den Philipp II. im Zuge der Restaurierung von 1572 hatte entwerfen lassen. Seit 2002 zeigt der Garten des Jungfrauenhofs wieder sein ursprüngliches Aussehen, so wie er einst im 14. Jh. im Mudejar-Stil angelegt worden war: Ein längliches mit Backsteinen eingefasstes Becken und Wege, die unterhalb der Ebene der Galerie verlaufen. Da der Garten nicht als Durchgang gedacht war, wurde er von den Habsburgern gepflastert.

Naturalismus
Die Handwerker, die für die Gipsarbeiten des Hofs zuständig waren, griffen auf Pflanzen- und Tiermotive zurück.

Mudejarische Kunst

Die Gipsverzierungen im unteren Bereich des Innenhofs wurden von mudejarischen Künstlern zwischen den Jahren 1364 und 1366 angefertigt. Prägend sind hierbei die Ausarbeitungen der Sebqa, die auf den Einfluss der Almohaden zurückgeht. Die Innenwände der Galerie schmücken Gipsarbeiten von Kunsthandwerkern aus Granada. An der Fassade erscheint – wie auch in zahlreichen Räumen der Alhambra – der Leitspruch der Nasriden: „und es ist nicht der Sieger, es ist Allah“.

Geometrische Figuren
Am Blindbogen auf der gegenüberliegenden Seite des Botschaftersaals befinden sich bunte Gipsarbeiten, die das Bild der Himmelskörper zeigen.

108
SÄULEN
in Gruppen zu zweit oder zu dritt tragen die Galerien: 52 korinthische Säulen und 56 ionische Säulen.

Inschriften. Schmücken den mittleren Abschnitt der Mauern der Galerie.

Cherub
An den Pilastern, die einige der Stuckarbeiten umrahmen, sind gemeißelte Engelsgesichter dargestellt.

Pilaster
Am Eingangsbogen zum Saal des Dachs von Karl V. Sie sind mit einer männlichen Figur im plateresken Stil verziert.

Wappen von Karl V.

Aufgerichteter Löwe

Wappen des Orden de la Banda

Emblem von Kastilien

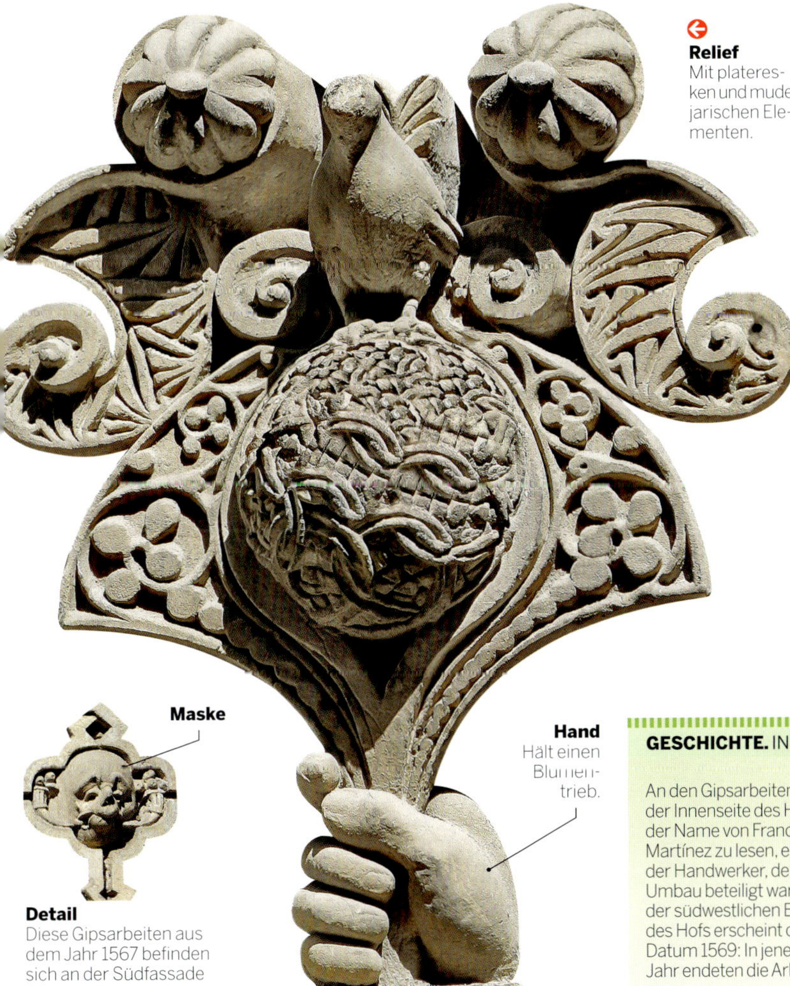

Relief
Mit plateresken und mudejarischen Elementen.

Hand
Hält einen Blumentrieb.

Maske

Detail
Diese Gipsarbeiten aus dem Jahr 1567 befinden sich an der Südfassade des Jungfrauenhofs.

Ergänzungen im Renaissance-Stil

Im Zuge der Umbauarbeiten im 16. Jh., die zur Pflasterung des Hofgartens führten, wurde der primitive mudejarische Bau mit Gipsarbeiten im Renaissance-Stil und plateresken Stil – einem Stil, der Elemente aus der Gotik und aus der Renaissance vereint – mit ritterlichen und religiösen Verzierungselementen, Schindeln mit Inschriften und verschiedenen heraldischen Emblemen ergänzt.

Mehrlappiger Bogen

GESCHICHTE. INSCHRIFTEN

An den Gipsarbeiten an der Innenseite des Hofs ist der Name von Francisco Martínez zu lesen, einer der Handwerker, der am Umbau beteiligt war. In der südwestlichen Ecke des Hofs erscheint das Datum 1569: In jenem Jahr endeten die Arbeiten.

Signatur

Fliesen und Dächer. Die Sockel der Galerie sind mit Kacheln mit geometrischen Formen verkleidet, ein häufiges Element der islamischen Wohnarchitektur. Die Dächer der vier Galerien des Hofs sind mit bemaltem Holz getäfelt. Auch sie zeigen den islamischen Einfluss. Ihre Verzierungsmotive beruhen auf ineinander verflochtenem Maßwerk, aus dem Sterne mit fünf, acht und zehn Spitzen und verschiedene polygonale Formen entstehen. Das Innere dieser Kompositionen ist bemalt und teils mit Inschriften, Muqarnas und heraldischen Wappen verziert.

Die Kacheltäfelung

Aus kleinen handgefertigten Keramikstücken bestehende Fliesenmosaike zieren die einzelnen Räume des Alcazár. Sie gehen auf die islamische Kunst zurück.

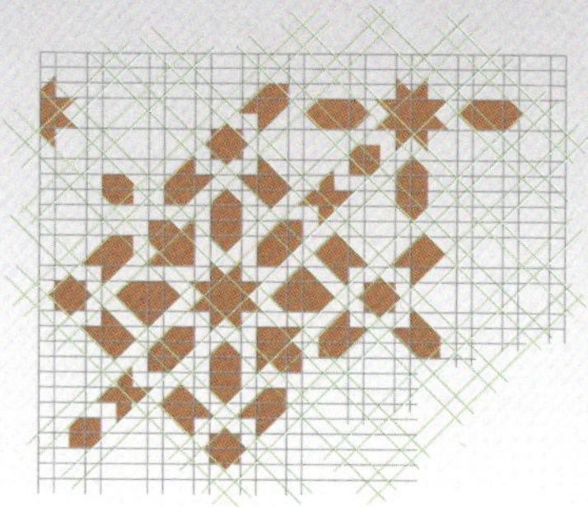

Gestaltung
Um geometrische Kompositionen zu kreieren, zeichneten die Handwerker die zentralen Figuren in ein Raster ein. Die Endkomposition entstand durch symmetrische Verschiebung oder Drehung der Figuren.

1
BRENNEN
Nachdem die Tonstücke in einem Ofen gebrannt wurden, trug man Glasur und Farbpigmente auf sie auf. Mit einem zweiten Brennvorgang fixierte man die Glasur.

2
SCHNITT
Mit einer Schablone zeichneten die Handwerker die Formen auf die Kachel, danach wurde sie geschnitten.

24
STUNDEN
dauerte das Brennen des Tons, und weitere 24 das Abkühlen.

Trockenseiltechnik
Bei dieser Technik aus dem 15. Jh. zog man die Konturen mit einer Fetttinte nach, damit sich die Farben nicht vermischten. Nach dem Glasieren folgte das Brennen.

Kantentechnik
Bei dieser Methode wurde der Ton in eine Holzform gepresst, wodurch Konturen entstanden, die verhinderten, dass sich die Glasuren vermischten.

900
GRAD CELSIUS
ist die Temperatur, die von den Öfen beim Brennen des Tons erreicht wurde. Als Brennstoff verwendete man Zweige.

Vielecke
Eine Gestaltungsform ist es, ein einfaches geometrisches Schema basierend auf Vielecken zu verfolgen, das immer das gleiche Muster wiederholt. Für diese Kompositionen verwendet man ein einziges Element oder Kombinationen.

Räder und Sterne
Kacheltäfelungen sind oft mit Formen basierend auf Vielecken gestaltet, die ineinander verflochten sind und Sterne und Räder bilden. Die Symmetrie entsteht durch eine oder mehrere Achsen. So entsteht eine unteilbare Einheit.

3

ZUSAMMENSETZEN
Die Stücke wurden nach dem Entwurf des Baumeisters verkehrt herum auf dem Boden oder einer Platte angeordnet.

4

ANBRINGUNG
Nach dem Zusammensetzen schüttete man Gipsmörtel über das Mosaik. Nach dem Trocknen fixierte man es an der Wand.

Farben
Die Komponenten mineralischen Ursprungs wurden nach der Formel des Töpfers vermischt, gebrannt, zu Pulver verarbeitet und mit Wasser vermischt.

1 **Blau.** Kobalt
2 **Grün.** Kupfer
3 **Honiggelb.** Eisen
4 **Schwarz.** Mangan
5 **Weiß.** Zinn

Symbolik
Die durch die Kacheltäfelungen entstandenen Formen wiederholten sich systematisch und bedeckten ganze Wände, um die göttliche Unendlichkeit darzustellen.

Botschaftersaal

Der Raum, in dem der Thron von Peter I. untergebracht war, ist der am reichsten verzierte des ganzen Palasts. Hiermit inszenierte er seine Macht.

Offizielle Empfänge
Der Botschaftersaal war der Mittelpunkt des öffentlichen Lebens, wo alle Zeremonien stattfanden. Mit seinem quadratischen Grundriss und der halbrunden Holzkuppel im Stil der islamischen Qubbas öffnet sich dieser Raum zu vier Seiten hin: Man betritt den Raum durch einen Rundbogen, die drei anderen Wände sind mit dreifachen Hufeisenbögen versehen. Da sich nur dieser Raum des Palasts über beide Stockwerke erstreckt, ist seine sechseckige Kuppel auch von außen vom Jungfrauenhof aus sichtbar – ein weiterer Hinweis auf die Besonderheit dieses Raums, der auf die Paläste Madinat al-Zahra von Córdaba und die Alhambra von Granada verweist.

100
QUADRATMETER
beträgt die gesamte Fläche des Botschaftersaals ungefähr.

Stern
Ein Stern mit 12 Spitzen ist der Kern der Holzkuppel über dem Raum, dessen Verzierungen auf die Himmelswelt anspielen.

1526
IN JENEM JAHR
gaben sich Kaiser Karl V. und Isabella von Portugal im Botschaftersaal das Ja-Wort.

Frauenporträts
Unter der Muqarnas-Kuppel erscheinen verschiedene Frauenporträts, die Diego de Esquivel im späten 16. Jh. schuf. Man vermutet, dass sie kastilische Prinzessinnen und Infantinnen darstellen.

Islamische Architektur
Der Botschaftersaal vereint einige der typischen architektonischen Elemente des Kalifats von Córdoba und des Nasridenreichs von Granada, wie die Hufeisenbögen und die Sternenkuppel, die den Raum krönt.

Drachen
Alle vier oberen Balkone am Botschafter-Saal werden von drei Drachen aus Schmiedeeisen gestützt.

9
METER
Durchmesser weist die goldene Kuppel auf, die den oberen Abschluss des Botschaftersaals bildet.

Säulen und Kapitelle
Die Hufeisenbögen werden von Kapitellen und Säulen aus rosa und schwarzem Marmor getragen.

ARCHITEKTUR

Das Haupttor

Die im Jahr 1366 von Künstlern aus Toledo gefertigten Türflügel des Saals vereinen islamisch inspirierte Elemente mit christlichen Motiven.

Rundbogen. Der Zugang wird frei, wenn die Türflügel zu den Mauern der Galerie des Hofs hin geöffnet werden.

Material
Die Türflügel sind aus Kiefernholz, das Drehsystem aus Eisen und Bronze.

Verflochtene geometrische Figuren

10
ZENTIMETER
Dicke weisen die beiden Flügel der Haupteingangstür zum Saal auf.

5
METER
ist die Tür ungefähr hoch. Sie ist die größte des ganzen Palasts.

Kuppel
Sie wurde vollständig aus Holz gefertigt. Im Jahr 1843 wurden sie restauriert. Man fügte Spiegel hinzu, um ihr mehr Glanz zu verleihen.

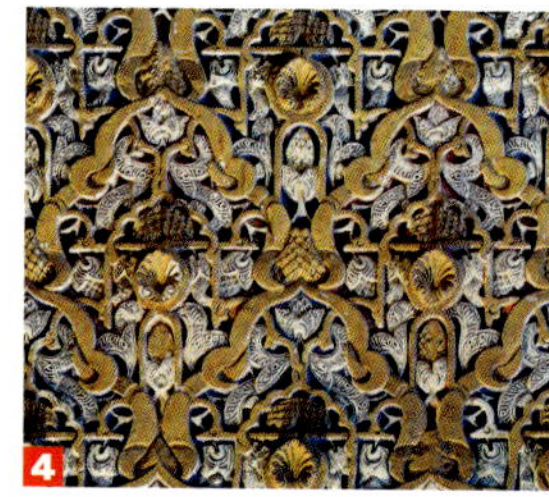

Der prächtigste Raum des Palasts
Peter I. ließ den Botschaftersaal besonders luxuriös gestalten: Seine Wände wurden mit Kacheln aus Granada sowie bunt bemalten Stuckverzierungen mit Lobgesängen auf den König und Allah versehen. Die Holztüren zieren sternförmige Ornamente und Inschriften. Ein halbes Jahrhundert später, 1427, wurde ein neues Holzgewölbe angebracht. Die vom Zimmermeister Diego Ruiz gefertigte Halbkugelkuppel ist unter dem Namen halbe Orange bekannt. Er griff auf geometrische Verzierungen zurück, um die Decke des Saals in eine Darstellung des Universums zu verwandeln.

Bögen. Zeigen filigrane Gipsverzierungen in Gold- und Blautönen.

1 2 3 4
Gipsverzierungen
Komplexe Kompositionen im naturalistischen Stil bedecken durchgehend die Wände.

Sockel
Der untere Abschnitt der Wände des Saals ist mit Fliesen mit geometrischen Formen gekachelt.

5
Löwe
Den mittleren Bereich der Kuppel zieren Wappen von Kastilien und Léon und nehmen damit Bezug auf Peter I.

KUNST. SYMBOLISCHE DEKORATION

Die Gipsarbeiten im Botschaftersaal bilden Friese mit Inschriften in arabischer Sprache und Schrift, in denen Allah und König Peter I. gepreist werden.

QVATRO DE SEVILLA. AN
BITISA EGICA EVRIGO BAMBA
OMEÇO.Â.D.702.
EINO.7.ÂNS.
COMEÇO.Â.D.692.
REINO.10 ANS
COMEÇO.Â.D.685.
REINO.7.ÂNS
COMEÇO.Â.D.676.
REINO. 2. ÂNS

Galerie der Könige. Das Gemäldefries am oberen Abschnitt der Wände des Botschaftersaals aus dem Jahr 1599 zeigt Bilder der Könige des kastilischen Territoriums. Insgesamt sind 56 Monarchen abgebildet, ein jeder mit seinem Namen und Herrschaftszeitraum bezeichnet: von Rekkeswinth, dem von 653 bis 672 herrschenden Westgotenkönig bis hin zu Philipp III., unter dessen Herrschaft vom Maler Diego de Esquivel zahlreiche Porträts angefertigt wurden. Alle Könige sind in sitzender Position gemalt, ein Schwert und einen Globus in der Hand haltend – Kennzeichen ihrer Macht.

Seitliche Räume

Die zwei symmetrischen Räume schließen den Komplex des Botschaftersaals ab und passen ihn der Breite des Jungfrauenhofs an. Sie dienen als Übergangsbereich von den privaten zu den öffentlichen Räumen.

Die Kacheln
Wie auch die anderen Palasträume sind die seitlichen Räume mit einem Sockel geschmückt, der sich aus sechs- und dreieckigen Kacheln zusammensetzt.

Stuckdecken
Die seitlichen Räume haben eine rechteckige Form und befinden sich neben dem Botschaftersaal sowie dem Infantensaal und dem Puppenhof. Auffällig sind hier die Decken, die aus den letzten Jahren des Königreichs von Philipp II. stammen. Der Fries wurde aus Gipsarbeiten im Stil der Mudejar-Kunst hergestellt. Zu sehen sind weiße Reliefs mit Ritterszenen. Die Szenen des östlich gelegenen Saals gehen auf Künstler aus Toledo zurück; der gegenüberliegende Saal zeigt Kunstwerke sevillanischer Künstler.

27
MEDAILLONS
aus Gips befinden sich am oberen Fries in jedem Seitenzimmer. Sie bilden Ritterszenen ab.

Deckentäfelung
Die Decken des Saals weisen Blumenelemente auf. Sie wurden vom Zimmermeister Martín Infante angefertigt.

Ostsaal
Verbindet den Botschaftersaal mit den Infantenzimmern.

Hufeisenbögen
Die Laibung besitzt Gipsarbeiten mit Pflanzenmotiven.

Wappen der Banda

Bunte Gipsverzierungen

Detailansicht des Bogens

Medaillons
Die Ritterszenen waren vermutlich von der *Trojanischen Chronik* und dem *Jagdbuch* inspiriert, die Peter I. sicher kannte.

Saal von Philipp II.

Der mit einer Holzdecke mit geometrischen Mustern versehene Raum ist der längste des ganzen Palasts. Durch einen dreifachen Bogen mit Vogelverzierungen gelangt man direkt zum Botschaftersaal.

Saal der halben Röhre
Die verschiedenen Bezeichnungen des Raums, der sich zwischen dem Botschaftersaal und der Galerie des Prinzengartens befindet, gehen auf das Datum der Erbauung und auf die Gestaltung seiner Decke zurück. Aufgrund der sanften Kurvenform der Holztäfelung wird er auch als muldenförmiger Raum bezeichnet; aufgrund seines Entstehungsdatums heißt er Saal mit der Decke Philipps II., da die Holzarbeiten an den Deckenkassetten im manieristischen Stil aus den Jahren der Herrschaft dieses Königs stammen. In den Kassetten sieht man Quadrate und Kreuze. An der Südfront des Raums ist eine Tür, die zum Prinzengarten führt, und ihr gegenüber steht der Pfauenbogen – ein dreifacher, von Córdoba inspirierter Hufeisenbogen – der zum Botschaftersaal führt und seinen Namen den Vogelsilhouetten verdankt, die Teil seiner reichen Verzierung sind.

Stern mit acht Spitzen
Dieses Gipselement, das für die islamische Kunst äußerst typisch ist, ziert den Pfauenbogen.

Decke
Der Zimmerer Martín Infante nahm sich den italienischen Künstler Sebastiano Serlio zum Vorbild, dessen Architektur im 16. Jh. sehr geschätzt wurde.

Pfauenbogen
Dieser Bogen gilt als eines der schönsten Beispiele der mudejarischen Kunst im Alcázar. Dieses Werk vereint Inschriften und Bandwerk im islamischen Stil mit figurativen Elementen, die christlichen Ursprungs sind.

Zierelement
Die Halbkugelformen sind ein wiederholendes Element am Zwickel des dreifachen Pfauenbogens.

23
METER
ist der Saal mit der Decke Philipps II. lang, der längste des ganzen Palasts.

24
VÖGEL
verschiedener Arten erscheinen am Pfauenbogen.

Inschriften
Arabische Inschriften umgeben die Kontur des großen äußeren Pfauenbogens.

DEKORATION

Naturalismus

Der Pfauenbogen ist mit Pflanzenranken und Blattwerk sowie Vogelfiguren aus Gips geschmückt, im Einklang mit der edlen Ästhetik des Palasts.

Silhouetten. Mit persischer Gestaltung.

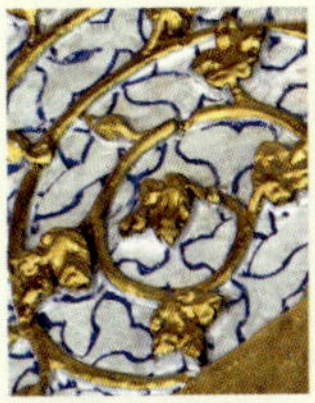

Reliefs. Pflanzenelemente.

Spielzimmer

Die als Ess- und Schlafzimmer für die Kinder der spanischen Könige benutzten drei Zimmer sind Vermächtnis der traditionellen islamischen Architektur.

Kacheln
Diese am Boden des mittleren Raums angebrachten Keramikkacheln sind mit Blumenbildern verziert, die von Quadraten und Kreisen umrahmt werden.

Drei Räume

Die Kinderzimmer bestehen aus drei kleineren Räumen: Von einem zentralen rechteckigen Raum führen jeweils zwei Schlafzimmer über einen Balkon und eine Treppe zum Galera-Garten. Die seitlichen Zimmer entspringen dem islamischen Stil, der von den Katholischen Königen übernommen wurde: An den beiden Enden des größeren Zimmers befinden sich die Schlafkammern. Gegen Mitte des 19. Jh. wurden die Seitenzimmer und der mittlere Raum umfassend umgestaltet. Eine Zeit lang dienten sie als Esszimmer, zu einer anderen Epoche als einfacher Lagerraum. Da die Zimmer zu Anfang das Schlafgemach der Königskinder waren, wurde der Name beibehalten.

Mittlerer Raum
Dieses mit einem gekachelten Sockel verzierte Zimmer führt durch einen gezackten Bogen zum Vorraum des Botschaftersaals.

Muschel
Dieses Symbol der Fruchtbarkeit und des Lebens erscheint an dem Bogen, der zum Botschaftersaal führt.

10
METER
ist die ungefähre Länge des mittleren Raum des Kinderzimmers – dem größten der drei Räume dieses Komplexes.

Deckentäfelung
Die Decken der Kinderzimmer besitzen eine Täfelung aus zarten mehrfarbigen Holzleisten. Sie wurden mit heraldischen Wappen verziert.

1848

IN JENEM JAHR kam Maria Isabellla d'Orléans – Enkelin von Ferdinand VII. und Louis-Philippe I., dem letzten Herrscher Frankreichs – im mittleren Raum des Kinderzimmers zur Welt. Eine Tafel erinnert an dieses Ereignis.

Boden
Im südlichen Raum bilden Backsteine und Keramikstücke raffinierte Sternformen.

Löwe. Er taucht an der Decke mehrmals auf.

1 **Südsaal**
Der Raum weist eine viereckige Grundfläche auf.

120

QUADRATMETER beträgt die gesamte Grundfläche der drei Kinderzimmer des Palasts.

2 **Doppelfenster**
Das mit Ziergittern versehene Fenster – im 19. Jh. im orientalischen Stil neu gestaltet – zeigt zum Galera-Garten.

Gipsverzierungen
Die Verzierungen über der Tür, die den mittleren Raum mit dem Südzimmer verbindet, weist Inschriften auf.

Umbauten im 19. Jh.

Das Renovierungsprogramm, das man Mitte des 19. Jh. an den Kinderzimmern vornahm, wurde von Antoinde d'Orléans und Maria Luisa Fernanda von Spanien – den Herzogen von Montpensier – veranlasst. Das Ehepaar, das sich nach einem Aufenthalt im Palast des Erzbischofs von Sevilla in diesem Bereich des Alcázar niederließ, hatte sich gezwungen gesehen, Frankreich im Februar 1848 zu verlassen, nach dem Ausbruch der Revolution, die zum Ende der Monarchie und der Ausrufung der Zweiten Republik geführt hatte.

SYMBOLIK. GESTALTUNG DES BODENS

Für den Boden – einem der wenigen Originale, die im Palast erhalten blieben – wurden Ziegel und Fliesen mit heraldischen Bildern wie Löwen, Burgen und den Säulen des Herakles verwendet.

Aufgerichteter Löwe

Kaiserliche Devise

Der Saal von Karl V.

Der Raum neben der Ostgalerie des Jungfrauenhofs, in dem einst die Palastkapelle untergebracht war, verdankt seinen Namen der zwischen 1541 und 1543 angebrachten Renaissance-Deckentäfelung.

Wappen
Das Gipsfries, das entlang des oberen Abschnitts der Kacheltäfelung des Saals verläuft, zeigt gelappte Medaillons mit heraldischen Emblemen der Königreiche von Kastilien und León.

Wohnraum
Der Bau des Oratoriums der Katholischen Könige im Oberen Palast gestattete es, den rechteckigen Saal in ein Schlafzimmer zu verwandeln.

Kacheln

Schlafgemach

Dieser Anbau neben dem Jungfrauenhof, bestehend aus zwei unterschiedlich großen Zimmern, diente als Schlafzimmer für den König im Originalpalast.

Verzierung
Die Wände des königlichen Schlafzimmers sind mit geometrisierten Pflanzenmotiven aus Gips und arabischen Inschriften geschmückt.

Sommer und Winter

Parallel zur westlichen Mauer des Jungfrauenhofs, dessen Galerie sich über einen Flachbogen öffnet, befindet sich das königliche Schlafgemach. Dieser Raum, in dem der König nächtigte, besteht aus zwei rechteckigen Bereichen. Im ersten und größeren Zimmer stand das Bett des Königs. Durch zwei Fenster zum Innenhof hin konnte genügend Licht in den Raum einfallen, an dessen Ende sich ein weiteres quadratisch geformtes Schlafgemach befand, das durch einen Bogen mit Vorhängen abgetrennt war, um die Privatsphäre des Königs zu wahren. Eine Tür am Ende des Raums führte zum Privatbereich des Palasts. Der dunklere Raum wurde im Sommer als Schlafzimmer genutzt. Die Zierelemente der Räume sind aufgrund ihrer Bestimmung als königliches Schlafgemach von besonderer Pracht.

Edle Atmosphäre
Die Kacheln, Gipsarbeiten sowie die Holzdecke verleihen dem Raum ein sehr edles Aussehen.

Keramikelement
Mit seinen geometrischen Formen ziert es den oberen Fries des gekachelten Sockels.

100
QUADRATMETER
beträgt die gesamte Fläche des Schlafgemachs, das ausschließlich für den König bestimmt war.

KUNST. DER GEFLIESTE SOCKEL

Der untere Abschnitt der Wände der Räume des königlichen Schlafzimmers ist mit Kacheln verkleidet, die geometrische Formen in lebendigen Farben aufweisen.

Stern

Geometrische Form

Tür
Weist an den Seiten arabische Inschriften auf, in der Mitte Sterne.

Decken
Die Decke des königlichen Schlafgemachs ist aus Holz, die der Alkove aus Gips.

Sommeralkove
Im Gegensatz zur königlichen Kammer ist sie von einem Spitztonnengewölbe bedeckt.

16
QUADRATMETER
ist die ungefähre Fläche der neben der königlichen Schlafkammer gelegenen Alkove, die ebenso als separater Raum diente.

Kalifatisches Kapitell
Die Kapitelle der Säulen des dreifachen Hufeisenbogens, der die beiden Säle mit der Alkove verbindet, stammen aus Palästen aus Córdoba.

20
METER
ist die ungefähre Länge der Königskammer, des größten der zwei Räume, aus denen das königliche Schlafgemach bestand.

Ein Kompendium der Stile

Die königliche Alkove vereint Elemente verschiedenster Herkunft. Die meisten Kapitelle, die die Säulen des Raums schmücken, wurden in Córdoba im 10. Jh. gefertigt, zeitgleich mit der Blütezeit der islamischen Herrschaft auf der Iberischen Halbinsel. Die Gipsverzierungen, die gefliesten Sockel und die zwei Türflügel der Holztür wurden im 14. Jh. im Mudejar-Stil hergestellt. Die Decke der königlichen Kammern, aus geometrischen Figuren bestehend, ist aus dem frühen 16. Jh. und weist Elemente der Renaissance auf.

Puppenhof

Er befindet sich im privaten Bereich des Palasts und war dem Monarchen und seiner Familie vorbehalten. Dieser intime Innenhof stellt einen Meilenstein der Mudejar-Kunst dar.

Die Puppen
Der Name des Innenhofs geht auf die vier kleinen Köpfe am Beginn des Bogens nahe des Gangs zurück, der zum Eingangsbereich des Palasts führt

Suche nach Privatsphäre

Der Puppenhof ist durch einen schmalen Gang mit der Eingangshalle des Palasts verbunden, der vor indiskreten Blicken schützt. Außerdem gehen drei Alkoven und ein Nebenzimmer von ihm ab, sowie der Prinzengarten, durch einen separaten Gang, der ebenso die Intimität der Palastbewohner wahrt. Ursprünglich war er nur ein Stockwerk hoch. Die Säulenkapitelle stammen aus dem Palast Madinat al-Zahra in Córdoba und die Gipsverzierungen aus dem Hof von Sultan Muhammad V. von Granada. Im 16. Jh. wurde eine manieristische Galerie erbaut, die im 19. Jh. wieder verschwand, da ein Zwischengeschoss, eine historistische Galerie und ein Oberlicht hinzugefügt wurden.

Obergeschosse. Sie wurden gegen Mitte des 19. Jh. von Architekt Rafael Contreras gebaut, der auch die Alhambra entworfen hatte.

80
QUADRATMETER
beträgt die Gesamtgröße des Innenhofs mit den Puppen.

Gipsverzierungen
Die Bögen weisen Inschriften, Pflanzenmotive und geometrische Formen auf.

1
Kapitell
Dieses Werk am Bogen mit den Puppenreliefs stammt aus der Kalifatszeit und ist mit Inschriften aus dem Koran verziert.

1

Gipswerk im unteren Stock

Bogen der oberen Galerie

Decken der Galerien

Saal der Katholischen Könige

Dieser Raum neben dem Puppenhof ist wegen seiner Renaissance-Decke aus dem frühen 16. Jh. bekannt. Sie besteht aus Holzbandwerk, das von heraldischen Emblemen der Katholischen Könige umgeben ist.

Gipsverzierungen Die beiden Bögen, die den Durchgang zum Saal kanalisieren, zeigen Pflanzenverzierungen aus buntem Gips, deren mudejarischer Stil sich von den heraldischen Motiven am Fries entlang der Decke abhebt.

1 2 Boden
Der Raum bewahrt seinen Originalboden aus Ziegeln und Fliesen, von einer Randverzierung umrahmt.

➔ Inschriften
Sie verzieren die Zugänge zum Raum.

Die Holzdecken

Die Tischler, die die Dachstühle und Dekoration der Decken des Alcázar entwarfen, überschritten die durch den Einsatz von Holz auferlegten Grenzen und schufen Werke von hohem künstlerischen Wert.

1 Schnitzen
Nach der Oberflächenbearbeitung mit der Dechsel schnitzten die Tischler die Deckentäfelung.

2 Farbe
Die Handwerker bemalten die abgeschliffene Oberfläche aller Zierelemente, die am Dachstuhl befestigt wurden.

Arten von Dachstühlen
Um die Dachstühle dem architektonischen Raum anzupassen, ordneten die mudejarischen Schreiner die Balken unterschiedlich an.

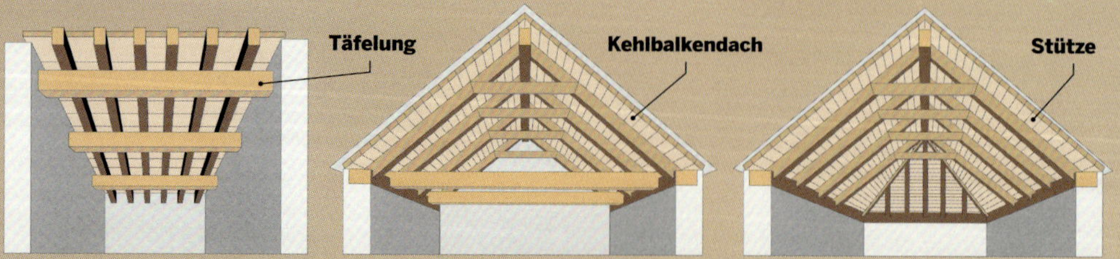

Geometrische Kompositionen
An den Decken werden mehrfarbige Holzstreifen kombiniert, die entlang des gesamten Dachstuhls verlaufen, um komplexe visuelle Kompositionen zu schaffen, die oftmals Sternenformen bilden.

Deckentäfelung
Diese Art von Dachstuhl, der beispielsweise in den Seitenräumen des Palasts von König Peter vorhanden ist, zeichnet sich durch die Deckentäfelung – polygonale konkave Elemente, die mit Reliefs verziert sind – aus.

Dekoration
Im 16. Jh. führte man an den Deckentäfelungen eine neue Ornamentik ein, die auf der Verwendung von Motiven im Renaissance-Stil beruhte, wie Lüstern, Gehängen, heraldischen Eblemen, Engeln und Hofsleuten.

1998

IN JENEM JAHR
begann ein Restaurierungsprogramm der Decken des Alcázar, das bis 2001 andauerte.

3 Montage
Die einzelnen Komponenten der Decke wurden nach den Anweisungen des Tischlermeisters am Boden zusammengebaut.

4 Anbringung
Die zusammengesetzten Teile wurden mit einem Flaschenzug an der Wand hochgezogen und am Dachstuhl angebracht.

Halbkugel-Kuppel
Dieses halbrunde Gewölbe wurde angefertigt, um mit einem achteckigen Rahmen den Botschaftersaal zu bedecken. Es bildet das Universum nach.

Struktur
Die Kuppel des Botschaftersaals besteht aus 12 unabhängigen Spindeln, die wiederum aus drei Teilen bestehen. Die Kugelkappe in der Mitte schließt das Gewölbe.

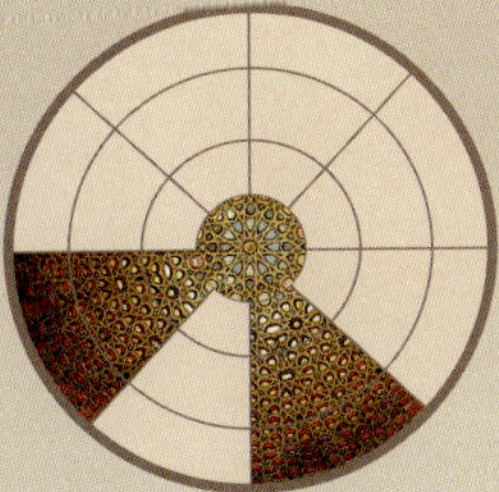

37

FRAGMENTE
aus Holz bilden die Kuppel, die den Botschaftersaal krönt. Sie wurde 1427 während der Herrschaft von Johann II. von Kastilien entworfen.

Prinzenzimmer

In diesem Raum, einem rechteckigen Saal mit Alkoven an zwei Seiten, wurde Prinz Johann geboren, der einzige Sohn der Katholischen Könige.

Früheres Schlafzimmer der Königin
Das Prinzenzimmer, das durch eine Tür auf den Puppenhof hinaus führt, war früher das Schlafzimmer der Königin, bis Isabella einige der Räume umbauen ließ. Sein Name spielt auf das zweite Kind der Katholischen Könige an, Johann von Aragón, der in eben diesem Zimmer zur Welt kam, vor den Augen der vom König ernannten Zeugen, die bekundeten, dass das Neugeborene auch wirklich der rechtmäßige Prinz war. Die Raumaufteilung folgt dem traditionellen muslimischen Schema: ein langer Saal in der Mitte und zwei Alkoven, die durch mit Stuckarbeiten verzierte Bögen abgetrennt sind.

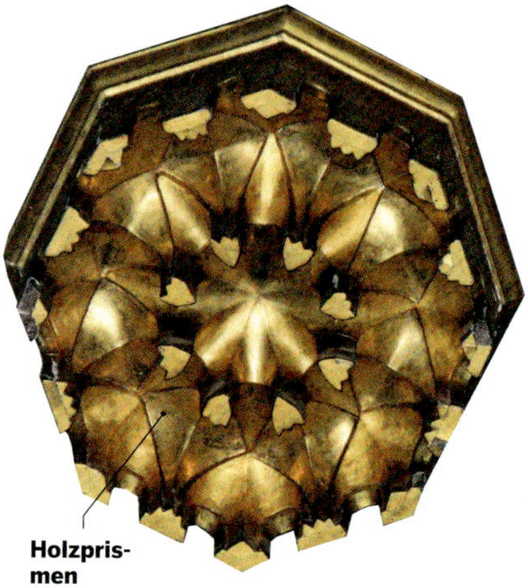

Holzprismen

Besonderer Raum
Reich verzierte Bögen und Decken spiegeln die historische Bedeutung des Raums wider.

1478
IN JENEM JAHR
kam Prinz Johann von Aragón zur Welt. Isabellas und Ferdinands einziger Sohn starb mit 19 Jahren, vermutlich an Tuberkulose.

Fenster
Nach den Katholischen Königen wurde diese Öffnung zum Jagdhof hin geschaffen, um mehr Licht in den Raum zu bringen.

Muqarnas
An der Decke des Hauptraums. Sie stehen im Einklang mit den mudejarischen Gipsverzierungen an den Bögen und den gekachelten Wänden.

Decke
Die im Jahr 1543 zeitgleich mit der Herrschaft von Karl V. angefertigte Zimmerdecke der südlichen Alkove besteht aus farbigen Täfelungen mit Verflechtungen, Muqarnas und plateresken Zierleisten.

105
QUADRATMETER
beträgt die Fläche des Prinzenzimmers einschließlich der Alkoven.

Boden
Bei dem im späten 20. Jh. angebrachten Boden wurden Lehmziegel mit Fliesen kombiniert.

5
METER
ist jede Seite der Alkoven an den Enden des Raums ungefähr lang.

Heraldisches Emblem
Das Symbol des Orden de la Banda befindet sich an einem Stern der Decke des Hauptzimmers.

Decken im Renaissance-Stil

Die Seitenalkoven wurden mit Decken von großem künstlerischen Wert bedeckt. Die Decke des südlichen Raums gilt als eine der schönsten der Renaissance, aufgrund der komplexen geometrischen Gestaltung der Täfelungen, die mit goldenen Muqarnas verziert wurden, die das prunkvolle Aussehen des Raums verstärken. Die Decke der nördlichen Alkove unterscheidet sich durch ihre achteckige Form und die heraldischen Motive, die den Fries zieren.

Ziergitter
Schmückt den Bogen, der zum Puppenhof führt.

Gekachelter Sockel

Gipskunst an den Zwickeln

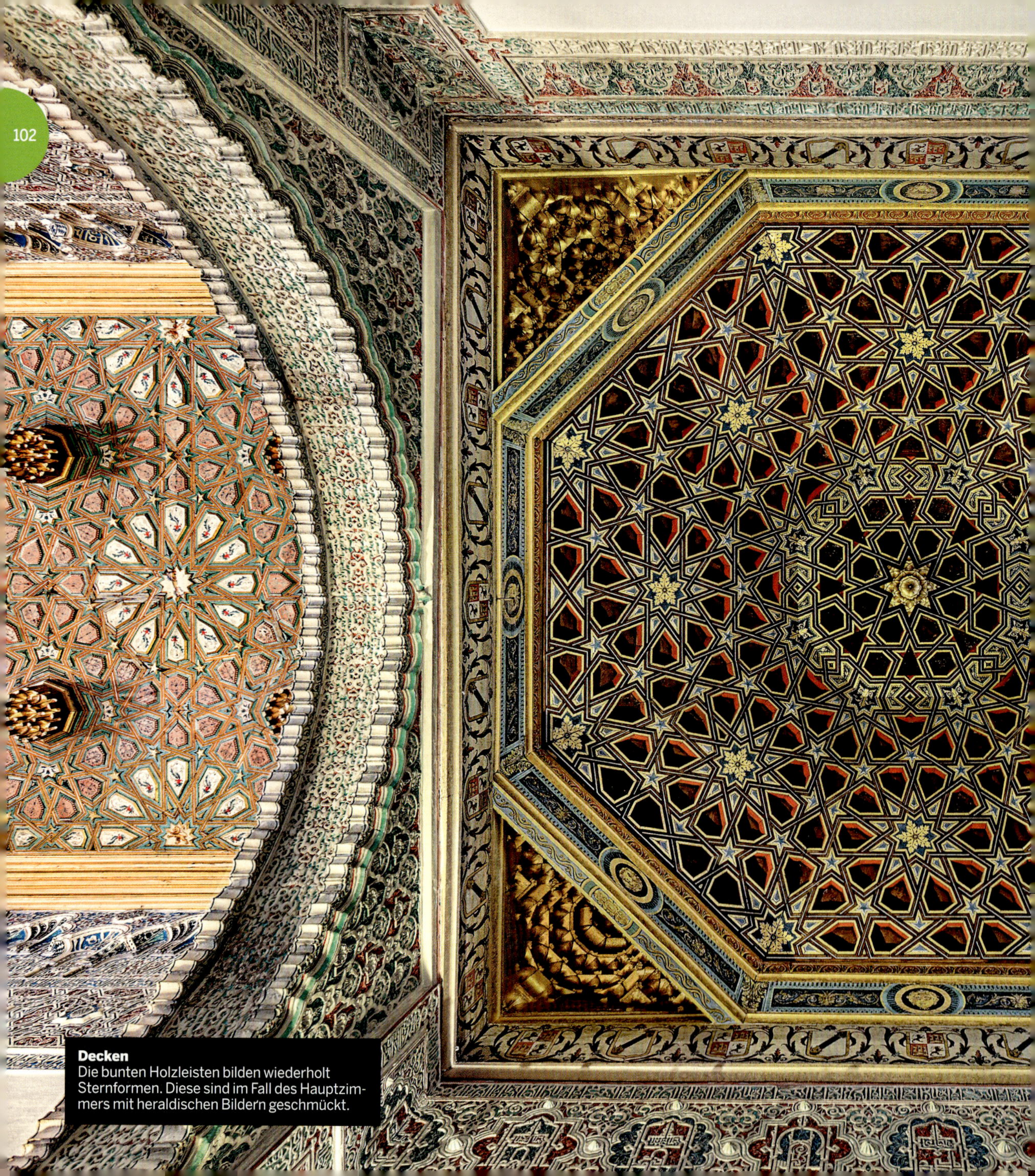

Decken
Die bunten Holzleisten bilden wiederholt Sternformen. Diese sind im Fall des Hauptzimmers mit heraldischen Bildern geschmückt.

Der Obere Palast

Die von den Katholischen Königen begonnene und den ersten Habsburgern abgeschlossene Erweiterung des Palasts von König Peter verdoppelte die Fläche der Originalanlage in der oberen Etage.

Zwei Paläste in einem

Im 15. Jh., zeitgleich mit dem Krieg gegen das Nasridenreich von Granada, förderten die Katholischen Könige zahlreiche Reformen im Alcázar, um ihn den Bedürfnissen des Königshofs anzupassen, der immer größer wurde Bis zu den Umbauarbeiten durch die Katholischen Könige hatte das Obergeschoss nur zwei Räume: den Empfangssaal im Westen und das Schlafzimmer von König Peter I. im Osten. Der übrige Palast befand sich auf nur einer Etage. Trotz des guten Klimas, das sich durch laue Nächte auszeichnete, hielten es die Katholischen Könige für nötig, eine zweite Etage einzuziehen, die als Isolierung vor Kälte und Feuchtigkeit dienen sollte und mehr Licht erhielt als das Erdgeschoss.

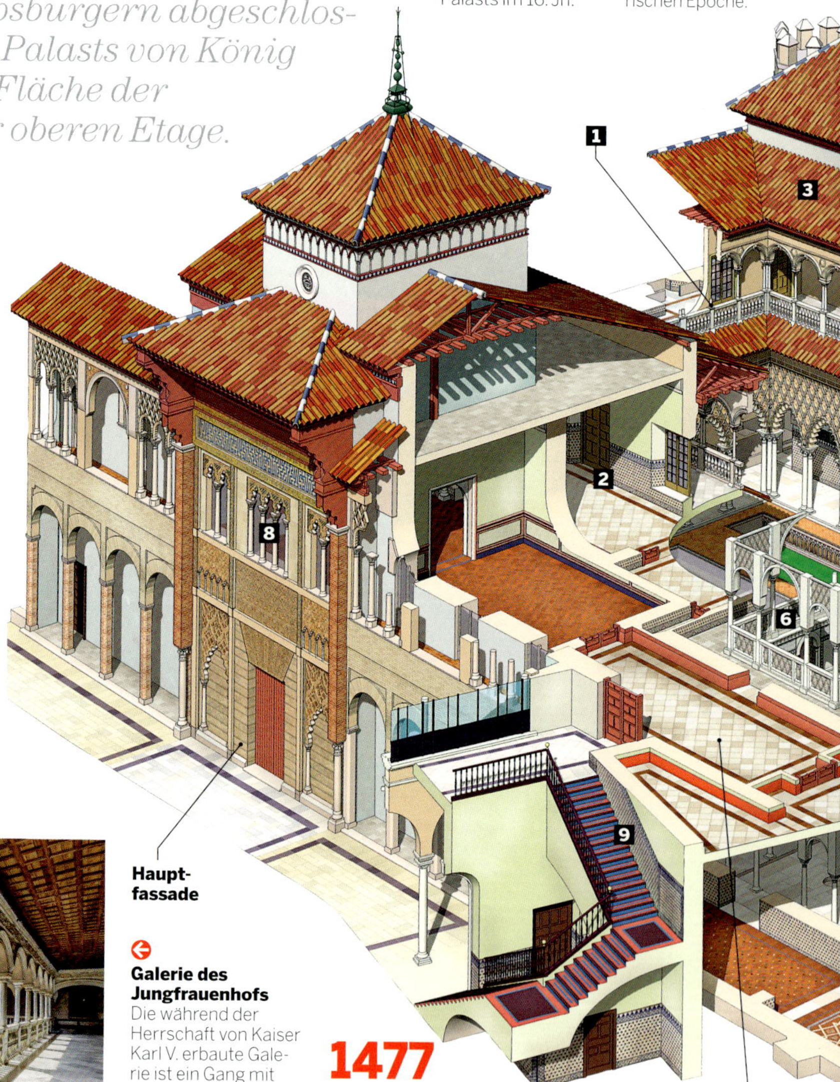

2 Herkules-Zimmer
Dieser Name bezeichnete die Räume des Oberen Palasts im 16. Jh.

3 Schlafzimmer von König Peter
Diesen Raum gab es bereits in der mudejarischen Epoche.

Hauptfassade

4 Kuppel des Botschaftersaals

Vorzimmer der Königin

← Galerie des Jungfrauenhofs
Die während der Herrschaft von Kaiser Karl V. erbaute Galerie ist ein Gang mit Rundbögen, der im Stil der Renaissance gestaltet wurde und einen italienischen Einfluss aufweist.

1477
IN JENEM JAHR
kamen die Katholischen Könige in Sevilla an und ließen sich im Alcázar nieder.

1 300
QUADRATMETER
beträgt die Gesamtfläche des oberen Palasts ohne Innenhöfe und Botschaftersaal.

Deckentäfelung
Ziert den Erker der Katholischen Könige.

5
Gala-Zimmer
Während der Zeit von Philipp II. erbaut, im 19. Jh. umgestaltet.

6
Puppenhof

9
Treppen
Sie befinden sich am Ende der Galerie des Admiralszimmers und schaffen vom Jagdhof aus Zutritt zu diesem Raum.

7 **Aussichtserker der Katholischen Könige**

8 **Empfangssaal**

Nutzung als Wohnung

Die Erweiterung des Palasts durch die Katholischen Könige und die zwei umfassenden Umbauten, die wenige Jahrzehnte später von den ersten Habsburgern vorgenommen wurden, führten fast zu einer Verdoppelung der Wohnfläche: Die Galerien um den Jungfrauen- und Puppenhof schufen eine Verbindung der Räume des Palasts. In der oberen Etage nahm der Wohnbereich mehr Raum ein als der öffentliche Bereich.

Oratorium der Katholischen Könige

Trotz seiner bescheidenen Größe ist dieses Zimmer, das in den Komplex integriert ist, den Isabella im Oberen Palast errichten ließ, eines der Meisterwerke der Renaissance in der Stadt Sevilla.

Glasfenster
Es zeigt das Wappen der Katholischen Könige, denn sie veranlassten die Errichtung des Oratoriums in der oberen Etage des Palasts von König Peter I.

Gekachelter Altar

Das Oratorium im Westflügel des Oberen Palasts ist ein kleiner rechteckiger Raum, der mit einem Kreuzrippengewölbe bedeckt ist, das von zwei Säulen getragen wird. Diese Säulen bilden vier Flachbögen mit filigranen Elementen. Über dem Altar befindet sich ein Bild, das der toskanische Künstler Niculoso Pisano aus Kacheln gefertigt hatte. Der Töpfer gilt als einer der großen Neuerer auf seinem Gebiet, denn er benutzte die Kacheln wie eine Leinwand, er kombinierte Farben und Tinten. Hiermit schuf er einen Meilenstein der Renaissance-Kunst. In der Mitte des Altarbilds bildete er die Bibelszene der Heimsuchung nach, die von einer Darstellung des Stammbaums Christi umrahmt wird. Im unteren Teil stellte er die Bibelszene der Verkündigung dar, sowie mythologische Figuren, Pflanzenornamente und Verweise auf die Katholischen Könige.

Aufteilung. Die Flamboyant-Bögen teilen den Raum in drei Bereiche.

Altarbild
Stellt den Besuch von Maria bei ihrer Cousine Elisabeth dar, die ein Kind von Johannes dem Täufer erwartet.

Kapitell
Die farbigen Pflanzenornamente heben sich von der Schlichtheit des weißen Marmors ab.

1 2 3
Fliesen
Am Altar sind die Jungfrau Maria und andere Figuren des Stammbaums Christi abgebildet.

1

2

3

NICVLOSO·FRANCISCO
ITALIANO·ME FECIT·

Königliche Räume

Die verschiedenen Bereiche des Oberen Palasts – einige von ihnen im späten 14. Jh. errichtet – passten sich den funktionellen und zeremoniellen Bedürfnissen des Königshofs an.

Wappen des Ordens Orden de la Banda
Das aus bemaltem Gips hergestellte Emblem der mittelalterlichen Institution erscheint an den Wänden des Schlafzimmers von König Peter.

Die ältesten Räume

Das Empfangszimmer und das Schlafzimmer von König Peter I. sind als die einzigen mudejarischen Räume des Oberen Palasts von besonderer Pracht. Die Wände des Empfangszimmers sind über und über mit Kacheln bedeckt. Die eine Wand öffnet sich zu einer Galerie hin, die mit Muqarnas-Zierelementen bedeckt ist und einen Blick auf den Jagdhof, die Giralda und die Kathedrale bietet. Das Schlafzimmer von König Peter I. auf der gegenüberliegenden Seite wurde im 16. Jh. tiefgreifenden Veränderungen unterzogen, ist aber noch mit dem ursprünglichen mudejarischen Deckengetäfel aus dem 15. Jh. versehen.

Audienzsaal
Er wurde im 14. Jh. im mudejarischen Stil erbaut und gehört zu den Gemächern von König Peter I.

Säulen des Herakles
Das Symbol von Karl V. erscheint an der Decke des Erkers der Katholischen Könige.

1542
IN JENEM JAHR
wurde das Schlafzimmer von König Peter I. erneuert: Wände, Decken, Türen und Fenster.

Schlafzimmer von König Peter I.
Es ist mit der oberen Galerie des Jungfrauenhofs und dem Erker der Katholischen Könige verbunden und zeigt heraldische Inschriften und Embleme an den gefliesten Wänden.

Decken
Obwohl die Räume des Oberen Palasts im Lauf der Jahrhunderte immer wieder umfunktioniert wurden, wurde doch ein Großteil des ursprünglichen Deckengetäfels aus dem 15. und 16. Jahrhundert bewahrt.

Zusätzliche Räume

Durch die unterschiedlichen Bedürfnisse der verschiedenen Bewohner des Oberen Palasts entstanden zahlreiche Zimmertypen: von weitläufigen Räumen für Bankettzeremonien über zusätzliche Ess- und private Arbeitszimmer bis hin zu Räumen, die ausschließlich der Freizeit dienten, wie das Spielzimmer.

Gekachelter Sockel
Schmücken die Wand des Schlafzimmers des Gala-Speisesaals.

Gala-Saal

52
QUADRATMETER
beträgt die Fläche des Audienzsaals insgesamt.

Kalifatisches Kapitell
Mit goldenen Akanthusblättern verzierter Abschluss der Marmorsäule des Hauptbogens des Audienzsaals.

Raum neben dem Speisesaal

105
QUADRATMETER
Gesamtfläche weist der prunkvolle Gala-Speisesaal ungefähr auf.

Aussichtserker der Katholischen Könige

06 DIE ERSTEN CHRISTLICHEN ELEMENTE IM ALCÁZAR
Der Gotische Palast und der Kreuzförmige Hof

Alfons X., der Weise, ließ seine königliche Residenz im Stil der christlichen Kunst des Mittelalters errichten.

Ferdinand III., König von Kastilien, hatte nach seiner Eroberung von Sevilla im Jahr 1248 kaum Zeit, sich im Alcázar niederzulassen: Schon vier Jahre später starb er dort. Sein Nachfolger, Alfons X., der Weise, teilte die Bewunderung seines Vaters für die islamische Kunst und die Stadt Sevilla. Da der Palast der einstigen almohadischen Kalifen nicht mehr seinen Bedürfnissen entsprach, ließ er ihn umgestalten. Die recht kleinen Räume mit den niedrigen Decken und die verschachtelte Aufteilung der Räume hatten zwar dem islamischen Bedürfnis nach Intimität entsprochen, waren jedoch nicht im Sinne des neuen Königs. Die Räume wurden nun erweitert, neue Decken eingezogen und eine klare Hierarchisierung der verschiedenen Bereiche des Palasts vorgenommen. Aufgrund des Prestiges, das die französische Gotik-Kunst mittlerweile auf der Halbinsel genoss, ließ Alfons X. den Palast mit gotischen Formen schmücken, die man zu jener Zeit dem Christentum und den Kreuzfahrern zuordnete. Sie sollten den Sieg des westlichen Christentums über den Islam symbolisieren. So ließ der König die Handwerker zu sich kommen, die auch schon die Kathedrale von Burgos errichtet hatten – ein Bauwerk, das auf der Halbinsel einen Höhepunkt der Gotik markiert. Sie wurden beauftragt, neben dem antiken almohadischen Palast einen königlichen Hof zu erbauen.

Gewölbesaal
Er besitzt eine rechteckige Grundfläche. Die Gestaltung seiner Decke zeigt die Vorliebe von König Alfons X. für die gotische Architektur.

Kacheln
Der Gotische Palast hat gekachelte Sockel, die im Renaissance-Stil mit Natur- und mythologischen Motiven verziert sind.

Das Erbe von König Alfons X.

Die ersten christlichen Bauten im Alcázar wurden auf den Überresten des almohadischen Palasts neben dem Kreuzförmigen Hof errichtet, der das Zentrum dieses einst muslimischen Bereichs war.

Der Gotische Palast
Der Gotische Palast, der sich östlich des Jagdhofs und zwischen dem Kreuzförmigen Hof und den Gärten des Alcázar befindet, besteht aus zwei Bereichen: aus zwei großen und parallel verlaufenden Räumen mit einem Portikus, der als Galerie fungierte, und aus zwei kleineren Räumen an den jeweiligen Enden. Ursprünglich bestanden die Decken aus Kreuzrippengewölben – einem typisch gotischen Element. Die äußeren Strebepfeiler mit den Zinnen und die kleinen eckigen Türme repräsentieren den Wunsch des Bauherrn, Elemente aus dem Christentum im Herzen des Alcázar unterzubringen.

1 Gewölbesaal. Im 16. Jh. wurden im Gewölbesaal die Renaissance-Fliesen an den Wänden angebracht. Er bewahrt seine Originaldecken.

✻ Formenharmonie
Barocke Formen vereinheitlichten diesen Bereich des Alcázar.

Kastilien und León
Dieses Wappen befindet sich am Eingang zum Gotischen Palast.

2 Portikus des Hofs
Befindet sich in einer Galerie, die zum Jagdhof und zum Apeadero führt.

1252

IN JENEM JAHR
wurde Alfons X., Erbauer des Gotischen Palasts, König.

3
Turm
Er hat eine quadratische Grundfläche, eine Wendeltreppe und ist mit Zinnen versehen.

4
Bäder von María Padilla
Auf der unteren Ebene des Hofs befinden sich eine mit Kreuzrippengewölben überdachte Galerie und ein Wasserbecken.

Gobelin-Saal. Seine Dekoration verweist auf die Errungenschaften Karls V.

1 500

QUADRATMETER
beträgt die Gesamtfläche des Gotischen Palasts ungefähr.

Portikus
Mit einem Kreuzgewölbe überdacht. Im 18. Jh. erbaut.

Der Kreuzförmige Hof

Als Dreh- und Angelpunkt des einst islamischen Palasts hat dieser Innenhof trotz vielfacher Umgestaltungen im Lauf der acht Jahrhunderte seiner Existenz sein ursprüngliches Aussehen im almohadischen Stil bewahren können. Er besitzt eine quadratische Form und zwei der Wände sind mit Portalen geschmückt. Zwei sich kreuzende gepflasterte Wege sind so angelegt, dass sie die Form eines Kreuzes bilden. Dieser Form verdankt der Kreuzförmige Hof seine Namensgebung.

Skulptur
Sie ist Teil des Dekorationsprogramms der Zugangstür zum Gotischen Palast.

7
Kapelle
Man geht davon aus, dass die rechteckige Kapelle zu Zeiten von Alfons X. Sankt Clemens gewidmet war.

8
Kreuzförmiger Hof
Sein Name leitet sich von der Anordnung des Raums in der islamischen Zeit ab.

ARCHITEKTUR. DIE LATERNE

Die am Gotischen Palast in der zweiten Hälfte des 18. Jh. vorgenommenen Umbauten gaben der Anlage eine barocke Prägung, die besonders an der Laterne zu sehen ist, die auf dem Dach mit Terrasse gebaut wurde, um mehr Licht in das Innere des Gobelin-Saals zu bringen.

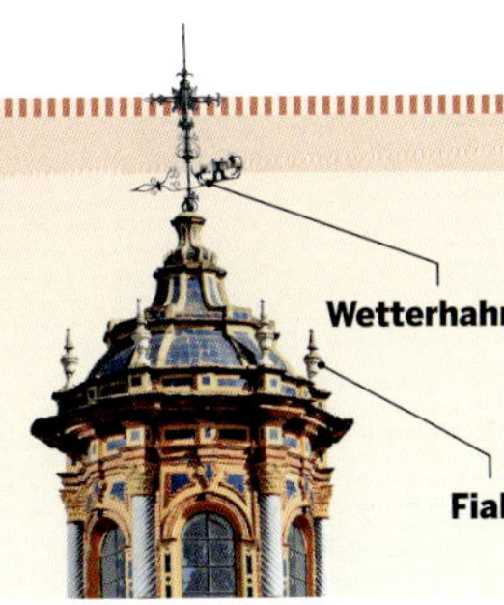

Kreuzförmiger Hof

Dieser schlichte Raum – Ergebnis der tiefgreifenden Umbaumaßnahmen im 18. Jh. – hatte ursprünglich eine geniale Aufteilung, von der die Gäste des Königs überrascht waren.

Originalstruktur
Der Kreuzförmige Hof, den die Almohaden Ende des 12. Jh. erbaut hatten, verfügte einst über zwei Ebenen. Oben kreuzten sich zwei Wege, vier weitere Wege verliefen an den Mauern des Innenhofs entlang. Die Galerien waren mit Gewölbedecken versehen, die eine Stützfunktion für die Wege hatten. Ein Wasserbecken verlief entlang der längsten Galerie. Es sorgte dafür, die Luft in den in Sevilla ausgesprochen heißen Sommermonaten zu kühlen. Um dieses Wasserbecken herum waren vier Gärten mit Kräutern und Obstbäumen angelegt, deren Kronen sich auf der Höhe derjeniger befanden, die die oberen Wege entlang spazierten. Auf diese Weise stellte der Innenhof eine Art Paradiesgarten dar.

Das Archiv
In den Räumen im Nordflügel des Kreuzförmigen Hofs befinden sich die Archive des Königlichen Alcázar.

Das Portal des Innenhofs
Das Portal am Westflügel wurde im 18. Jh. im Barrock-Stil errichtet. Sein Giebeldach schmückt einen Balkon.

950
QUADRATMETER
beträgt die Größe des Kreuzförmigen Hofs, wenn man die Galerien und das Becken von María Padilla nicht mit einbezieht.

Der Boden
Die Wege im Innenhof wurden gepflastert. Die Steine wurden schräg aneinandergelegt, was ein Kornährenmuster ergibt.

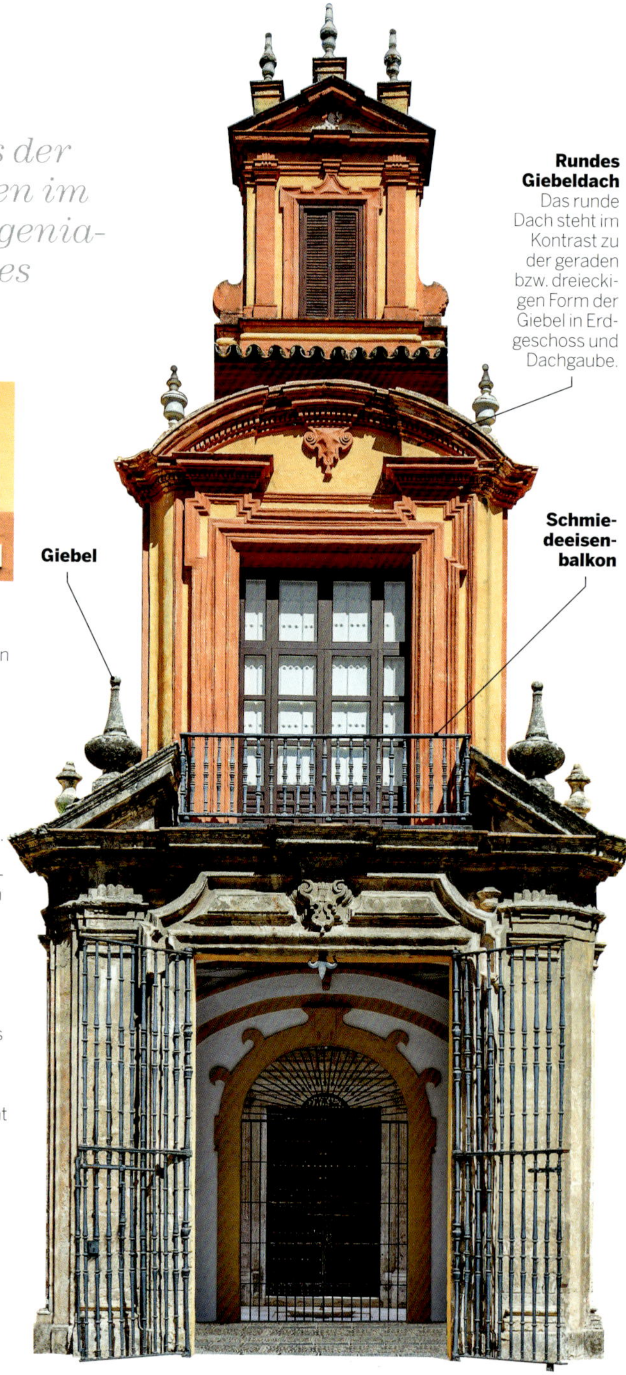

Portikus des Gotischen Palasts
Die Galerie mit Säulengang – von Sebastian Van der Borcht entworfen – hat barocke Linien und kanalisiert den Durchgang zum Inneren der Anlage.

1757
IN JENEM JAHR
begann der Umbau des Kreuzförmigen Hofs, um die durch das Erdbeben von Lissabon entstandenen Schäden zu beheben und ihn dem neuen Geschmack anzupassen.

Zierelemente
Die Originalfassade des Gotischen Palasts war extrem nüchtern, aber nach dem Umbau im 18. Jh. wurden an ihrem oberen Abschnitt Verzierungen mit Kelchform angebracht.

Umbau im 18. Jh.

Im Jahr 1755 fand ein starkes Erdbeben in Lissabon statt, das sich sogar auf das mehr als 350 Kilometer entfernte Sevilla auswirkte. Das Erdbeben beschädigte die Originalstruktur des Kreuzförmigen Hofs schwer, sodass der flämische Architekt und Ingenieur Sebastian Van der Borcht – der auch weitere bedeutende Gebäude in Sevilla entwarf, wie den Sitz der Königlichen Tabakfabrik – die untere Ebene bis zur Höhe der oberen Wege befestigen ließ. Der Umbau dieses Bereichs wurde mit dem Bau des Portikus des Gotischen Palasts und der Errichtung der Galerie, die den Apeadero mit dem Jagdhof verbindet, vollendet.

Öffnung
Gestattet das Eindringen von Licht und Luft zum Becken der unteren Ebene des Hofs.

Schlichte Dekoration
Im Gegensatz zur geradezu theatralischen Dramatik des sevillanischen Barocks zeichnet sich die Gestaltung des Kreuzförmigen Hofs von Sebastian Van der Borcht durch ihre Schlichtheit aus.

Ionischer Pilaster

Heraldisches Emblem

Toskanische Kapitelle

Wasserbecken von María Padilla. Die Zerstörung der unteren Ebene durch das Erdbeben von 1755 führte zur Entstehung einer unterirdischen Galerie, die das antike Wasserbecken und die gotischen Gewölbe umfasst, die Alfons X. zur Stützung der almohadischen Struktur des 13. Jh. hatte errichten lassen. Da die Geliebte von Peter I. diese Galerie besonders schätzte, erhielt sie die Bezeichnung „Wasserbecken von María Padilla“. Man erreicht sie über einen Gang, der im Tanzgarten beginnt, dort wo sich die mit Kacheln verzierten Bänke befinden.

Gobelin-Saal und Kapelle

Durch den Umbau im 18. Jh. verlor der Gobelin-Saal seine gotische Identität, aber seine Kapelle blieb erhalten, in der sich das Altarbild der Virgen de la Antigua befindet.

Engel
Elf Skulpturen schmücken den Bogen um das Altarbild, das der Jungfrau Virgen de la Antigua gewidmet ist, das sich an der Südfront der Kapelle befindet.

Veränderte Räume
Ursprünglich wurde der Gobelin-Saal mit einer Struktur ähnlich der des Gewölbesaals konzipiert. Er wurde nach dem Erdbeben von Lissabon im Jahr 1755 im Stil der Spätgotik vollständig neu gebaut, mit Gurtbögen und Kreuzrippengewölben anstelle der gotischen Originalgewölbe. Die Wände sind mit Wandteppichen aus dem 18. Jh. geschmückt, die die militärischen Heldentaten von Kaiser Karl V. abbilden; ihnen verdankt der Saal seinen Namen. Die Kapelle, die sich an der Südseite des Gotischen Palasts befindet, bewahrt die gotischen Gewölbedecken, aber nach einer Renovierung Ende des 16. Jh. erhielt sie statt den Wandsäulen Kragsteine im manieristischen Stil. In dem mit gekachelten Sockeln verzierten Raum sticht das Altarbild der Virgen de la Antigua hervor – Kopie eines Gemäldes der Kathedrale von Sevilla.

1740
IN JENEM JAHR
entstanden die Wandteppiche des Saals, die Teppiche aus dem 16. Jh. nachahmen.

Lampe
Sie hängt von der Laterne herab und versorgt den Gobelin-Saal mit Licht.

Kapelle
Das im 18. Jh. angefertigte Altarbild zeigt eine Mariendarstellung, die zu den berühmtesten ganz Spaniens zählt.

Detail der Jungfrau Maria

Wandfliesen

Frontseite des Altars

Glasfenster der Kapelle

Die Wandteppiche
Die Stoffe, die in der Königlichen Stofffabrik von Madrid hergestellt wurden, zeigen Szenen des Siegeskampfs gegen Tunis.

Cabo de
Carthago

Gewölbesaal

Dieser auch unter dem Namen Festsaal bekannte Raum mit rechteckigem Grundriss und einem Kreuzgewölbe wurde im Auftrag von König Philipp II. – Sohn von Kaiser Karl V. – verschönert.

Kragstein
Mit einer Löwenskulptur im manieristischen Stil verziert. Zu ihm führen die Rippen eines Gewölbes des Raums.

Gotische Decken
Der Gewölbesaal, der seinen Namen seinen gut erhaltenen gotischen Kreuzrippengewölben verdankt, die Alfons X. hatte errichten lassen, ist der Bereich des Palasts, der sich zu den Gärten hin öffnet. Er ist einen Meter schmaler als der Gobelin-Saal. Ursprünglich befanden sich an den Decken Gewölbe, die von Säulen an den Wänden getragen wurden. Die umfassende Restaurierung des Gotischen Palasts während der Herrschaft von Philipp II. führte jedoch zu der Entfernung der Säulen. An deren Stelle wurden Kragsteine angebracht. So verfügte man über freie Wände und Sockel, die man mit manieristischen Kacheln versah. Diese Elemente, die einen großen künstlerischen Wert besitzen, und auch die Fenster zum Garten durchbrechen die Nüchternheit des gotischen Bauwerks.

Aufteilung
Der Saal ist an den Seiten mit den Gärten, der Kapelle und dem Cantarera-Saal, in der Mitte mit dem Gobelin-Saal verbunden.

Die Bodenfliesen
Lorbeerkronen wurden auf je vier Kacheln aufgemalt. Diese wurden mit weißem Marmor kombiniert.

1923
IN JENEM JAHR
wurde der Wandteppich mit dem Wappen von Karl V. angefertigt, der den Raum krönt.

GESCHICHTE. HOCHZEIT

In diesem Saal fand 1526 das Hochzeitsmahl von Kaiser Karl V. und Isabella von Portugal statt, deren Gesichter auf den Fliesen erscheinen.

1577

IN JENEM JAHR begann Architekt Asensio de Maeda aus Granada, die gotischen Säulen des Saals durch Kragsteine zu ersetzen. Die verwendeten Steine kamen aus Steinbrüchen in der heutigen Provinz Cádiz.

Gang
Zwischen 1576 und 1577 umgebaut und erweitert. Er verfügt über große Glasfenster mit Blick auf den Garten. Die Veränderung der ursprünglichen Gestaltung verbesserte die Beleuchtung des Raums erheblich.

300

QUADRATMETER beträgt die gesamte Fläche des Gewölbesaals ungefähr, wenn man den Gang mit einberechnet, der zum Garten hinaus führt.

Wandteppich
Mit Szenen aus der Seefahrt. Sie hängen an den Wänden und wurden für die Iberoamerikanische Ausstellung im Jahr 1929 in Sevilla angefertigt.

Wappen von Aragón
Verschiedene Embleme, die auf die Herrschaft Karls V. verweisen, zieren den oberen Fries des Sockels.

KUNST

Die Fliesen

Die von dem sizilianischen Töpfer Cristóbal de Augusta zwischen 1577 und 1578 angefertigten gefliesten Sockel zeigen Motive im Renaissance-Stil.

Fries. Mit männlichen Figuren.

Allegorien. Der klassischen Mythologie.

Vögel. Mit anderen Figuren kombiniert.

07 NATUR UND ARCHITEKTUR Die Gärten

Der einstige Obstgarten des Almohaden-Alcázar zeigt die Stilentwicklung der europäischen Gärten.

Während der islamischen Herrschaft hatte der Alcázar umfangreiche Obstgärten und Viehhöfe. Diese Bereiche versorgten die Bewohner nicht nur mit frischen Lebensmitteln, sondern hatten auch eine ästhetische Funktion. Alle noch so kleinen Details wurden gepflegt, um die Sinne zu verwöhnen: Es wurden Kräuter und Duftblumen angebaut, die Bäume wurden nach geometrischen Mustern gepflanzt, stehendes Wasser spiegelte die Umgebung wider, und Quellen und Springbrunnen schufen eine entspannende Geräuschkulisse. Diese Gärten waren eine Art Oase – im Einklang mit den Vorstellungen des Korans, der das Paradies als Garten versteht – und schufen eine perfekte Atmosphäre für die Meditation. Nach der christlichen Eroberung und vor allem während der Herrschaft von Kaiser Karl V. verloren die einst islamischen Gärten ihre ursprüngliche Anordnung, um sie dem neuen Geschmack des Hofs anzupassen. Die verschiedenen Umbaumaßnahmen zwischen dem 17. und 20. Jh. schufen einen in Europa einzigartigen Komplex, in dem sich Natur und Architektur vereinen und verschiedene Aufenthaltsbereiche kreieren. Sie zeigen die Einflüsse unterschiedlichster Stile wie Manierismus, romantischer Naturalismus, Historismus und englische Landschaftsgärtnerei.

Dichtergarten
Besteht aus zwei durch Myrtenhecken abgetrennten Wasserbecken. Er ist von 1956 und damit der neueste Garten des Alcázar.

Marchena-Tor
Das Werk aus dem 15. Jh. mit heraldischen Motiven wurde vom Palast des Herzogs von Arcos zum Garten des Marquis überführt.

Historische Gärten

Im Bereich neben dem Palast von Peter I. und dem Gotischen Palast befinden sich die ältesten Gärten des Alcázar. Ihre endgültige Anordnung erhielten sie nach den Umbaumaßnahmen im 17. Jh.

Wappen
Befindet sich im Blumengarten. Mit Symbolen der Bourbonen und der Königreiche Kastilien und Leon.

Anordnung der Gärten

Die historischen Gärten umfassen den Bereich der Ost- und Südfassade der Paläste von Peter I. und Alfons X., und stellen eine Verlängerung dieses privaten Bereichs dar. Sie sind der Kern der Originalgärten des Alcázar. Die Anlage besteht aus sechs verschiedenen Bereichen, die hinsichtlich ihrer Vegetation und Architektur praktisch keinen Zusammenhang haben, obwohl sie alle aus der islamischen Epoche stammen. Sie wurden Ende des 16. bzw. Anfang des 17. Jh. einer tiefgreifenden Umgestaltung unterzogen, als der mailändische Architekt Vermondo Resta sich mit dem Verfall des islamischen Erbes auseinandersetzte und mythologische Elemente einführte, die den verschiedenen Gärten ihre modernen Namen verliehen.

Keramikstück

Blumengarten
Er hat die charakteristische Kreuzform der islamischen Innenhöfe. In ihm sticht ein Brunnen aus dem 16. Jh. hervor.

Kastilien
Der Bogen, der die Gärten von Troja mit dem Galera-Garten verbindet, trägt das Symbol der kastilischen Krone.

3 400
QUADRATMETER
beträgt die ungefähre Gesamtfläche der sechs historischen Gärten.

Fliesen
Sie wurden wahrscheinlich von dem Töpfer Juan Gascón in der zweiten Hälfte des 16. Jh. hergestellt und zieren den Teich des Blumengartens, der die dort gepflanzten Orangenbäume mit Wasser versorgte.

Manierismus

Nach seiner Ausbildung in Italien führte Vermondo Resta in den historischen Gärten den Manierismus ein, der sich durch die Ablehnung der Ausgewogenheit der klassischen Architektur und die Vorliebe für Ausdrucksstärke und Gekünsteltheit auszeichnet. Diese Merkmale verstärkten den Freizeitcharakter der Gärten.

1 Tanzgarten
Auf zwei Ebenen angelegt. Er hat einen Brunnen aus dem 16. Jh. und geflieste Bänke.

2 Prinzengarten
Eine Galerie im Renaissance-Stil führt zum Palast von Peter I.

Galera-Garten
Verdankt seinen Namen den Myrtenhecken, die auf die Form von Galeeren zugeschnittenen sind.

Skulptur
Aus dieser manieristischen Figur im Blumengarten sprudelt ein Springbrunnen aus dem Mund.

Dem maurischen Dichter al-Mutamid gewidmete Säule

Garten von Troja
In der Mitte steht ein Brunnen im islamischen Stil, der aus dem 10. Jh. stammt und mit Löwenköpfen verziert ist.

Springbrunnen
Aus Bronze. Er gehört zum Brunnen des Zeichens, der im 16. Jh. im Tanzgarten angelegt wurde.

Manieristische Galerie von Vermondo Resta

Fliesen. Die Bänke, Mauern und Brunnen in den Gärten des Alcázar sind mit farbenfrohen Fliesen dekoriert, im Einklang mit dem Freizeitcharakter der Bereiche, für den sie bestimmt waren. Zu den häufigsten Motiven zählen geometrische und pflanzliche Figuren, Nutztiere und mythologische Figuren. Viele dieser Kunstwerke weisen einen prägnanten Renaissance-Stil auf und gehören zu den vom italienischen Töpfer Niculoso Pisano in der Gestaltung der Fliesen des Oratoriums der Katholischen Könige eingeführten Innovationen.

Teichgarten

Dieser Garten – in dem die Skulptur des Gottes Merkur hervorsticht – ist das Ergebnis der Umgestaltungen, die zwischen dem 16. und 17. Jh. an dem antiken Wasserbecken und der almohadischen Mauer vorgenommenen wurden.

Skulptur am Geländer
Die Sockel sind mit Figuren verziert, die im 16. Jh. angefertigt wurden und heraldische Löwen und Define darstellen, die mit Kugeln spielen.

Die antike Zisterne des Palasts
Das Wasserbecken östlich des Gotischen Palasts, dem der Garten seinen Namen verdankt, war ursprünglich ein einfaches Reservoir, das den Palast und die Stadt mit dem Wasser aus dem römischen Aquädukt von Carmona versorgte. 1575 verlor die Zisterne ihre Funktion und wurde in einen Zierteich umgewandelt. Zu diesem Zeitpunkt wurden der mit einer Figur von Merkur verzierte Bronzebrunnen und die Geländer angebracht, die das Wasserbecken abgrenzen. An der Nordfront wurde ein Portikus errichtet, der zu einem Pavillon führt. Zu diesem Komplex wurde im frühen 17. Jh. ein Erker im Renaissance-Stil hinzugefügt.

Rustikaler Stil
Die unbearbeiteten Steine, die an der Groteskengalerie hervortreten, sollen Grotten nachahmen.

Königswappen
Die Fliesenplatte am Portikus der Nordfront des Gartens wurde im 19. Jh. vom Historiker José Gestoso gestaltet.

Merkur
Die Skulptur des römischen Gottes des Handels – Symbol für den Wohlstand von Sevilla – wurde von Diego de Pesquera kreiert und von Bartolomé Morel gegossen.

1912
IN JENEM JAHR
wurde das römische Aquädukt, die Caños de Carmona, abgerissen.

1 2 3 4 Gemälde
Die Blindbögen der Groteskengalerie zeigen Fresken mit mythologischen Szenen.

Rundbögen

Springbrunnen
Ein am Dach des Aussichtserkers angebrachtes Rohr spritzt Wasser in den Teich.

Rechtwinkliger Abschluss

Fiale
Der Abschluss des Bogens in Pyramidenform befindet sich auf der oberen Ebene der Groteskengalerie.

Die Groteskengalerie

Am Teichgarten beginnt die einst von den Almohaden erbaute Mauer, die Vermondo Resta von 1612 bis 1621 in die Groteskengalerie, mit rustikalen Säulen im manieristischen Stil, umwandelte. Die Galerie beginnt am Teich und führt in Form eines Bogengangs am Damen-, Dichtergarten, Garten der Alcoba und Garten des Marquis vorbei.

Damengarten

Dieser für die Hofbewohner angelegte Bereich gilt aufgrund seiner Monumentalität und Größe als das bedeutendste Vermächtnis von Architekt Vermondo Resta.

Neptun
Der monumentale Brunnen am Hauptweg durch den Damengarten sticht durch die in Genua angefertigte Bronzeskulptur des Gottes der Meere hervor.

Rückzug ins Private

Gegen Ende des 16. Jh. befand sich der Damengarten noch im Bereich der Obstgärten an den historischen Gärten in Palastnähe und belegte damit nur einen kleinen Ausschnitt von dem, was ihn heute ausmacht. Aufgrund seiner Lage konnten die Besucher der Obstgärten die Palastbewohner an den Fenstern und in den Gärten des Alcázar sehen und sogar hören. Um die Privatsphäre der Königsfamilie zu wahren, wurde Vermondo Resta mit einer entsprechenden Erweiterung des Damengartens beauftragt, was dazu führte, dass sich die Bewohner nun freier bewegen konnten, ohne gesehen zu werden. Der aus Mailand stammende Architekt entwarf einen geschlossenen Park, dessen rechteckige Form er in acht Quadrate, bestehend aus Hecken, unterteilte. Ein Hauptweg führte durch diesen Park, an dem sich zahlreiche Brunnen, Bänke und Wasserspiele befanden.

Ostseite. Dieser an die Groteskengalerie angrenzende Bereich, dort wo sich der Fama-Brunnen befindet, ist der monumentalste des Gartens.

1606
IN JENEM JAHR
erhielt Vermondo Resta den Auftrag, eine Erweiterung des Damengartens zu entwerfen.

Mythologische Figur

Kapitell der Groteskengalerie

ARCHITEKTUR. FAMA-BRUNNEN

Vermondo Resta entwarf einen mit Skulpturen verzierten Brunnen neben der Groteskengalerie. Ursprünglich verfügte er über einen Mechanismus, durch den Orgelpfeifen beim Durchlauf des Wassers Töne von sich gaben.

Statuen
Der Brunnen war einst mit fünfzehn Skulpturen mythologischer Figuren geschmückt, von denen aber nur sechs erhalten sind.

Garten der Alcoba

Der Pavillon von Karl V. wurde während der islamischen Herrschaft als Oratorium verwendet und im 16. Jh. wieder aufgebaut, um ihn dem Erholungszweck anzupassen. Er ist eines der Referenzelemente der Gärten des Alcázar.

Pavillon von Karl V.
Das älteste Gebäude der Gärten ist der Pavillon von Karl V., der einst als Qubba oder islamisches Oratorium angelegt wurde. Dieser Bau wurde von 1543 bis 1546 restauriert und in eine Oase der Ruhe umgewandelt, die Karl V. in den letzten Jahren seiner Herrschaft genoss. Der Pavillon hat einen kubischen Aufbau mit Bögengängen und ein Walmdach. Seine Ästhetik wird durch das harmonische Zusammenspiel islamischer, mudejarischer und platereskер Elemente bestimmt. Besonders schmuckvoll sind der Kachelboden mit den geometrischen Formen sowie der Brunnen, der Frische spendet, die hohen Kachelmauern mit den Blumenmotiven und das hölzerne Deckengetäfel.

Pavillon
Er ist an vier Seiten offen, damit an heißen Tagen die Luft zur Erfrischung frei zirkulieren kann.

Brunnen
Das eingelassene Marmorbecken wurde in der Mitte des Pavillons von Karl V. angebracht, um die Wärmeregulierung des Innenraums zu verbessern.

Löwe
Die im 17. Jh. angefertigte Skulptur hebt sich am gleichnamigen Pavillon hervor.

1991
IN JENEM JAHR wurde der Löwen-Pavillon restauriert. Drei neue Fresken zierten von nun an die Mauern.

Löwen-Pavillon
Der von 1644 bis 1645 von Architekt Diego Martín Orejuela erbaute Pavillon befindet sich südlich des Pavillons von Karl V. Er wurde im manieristischen Stil entworfen. Ursprünglich war er an den Innen- und Außenwänden bemalt.

Fliesen
Auf den Fliesen, mit denen die Wände des Pavillons ausgekleidet sind, erscheinen Fantasiewesen.

17
METER
ist das Tor des Privilegiums ungefähr hoch, das in die Groteskengalerie integriert ist. Das Tor des Damengartens erreicht eine Höhe von 10 Metern.

1
Bänke
Die im sevillanischen Stadtteil Triana gefertigten Kacheln zeigen geometrische Formen und Pflanzenmotive.

2
Die Säulen
Die von Künstlern aus Genua gefertigten Marmorsäulen fügen sich an Kachelbänke an.

4 100
QUADRATMETER
ist der Garten der Alcoba im Herzen des Alcázar groß.

3

4

3
Kopf
Die in das Becken des Löwen-Brunnens gehauene Skulptur hat ein Rohr, das den Teich gegenüber vom Pavillon mit Wasser speist.

4
Krönung
Der Löwen-Pavillon weist an seinem oberen Teil Ziertrophäen und eine geflieste Kuppel auf, die auf die islamische Architektur zurückgehen.

Die Tore

An der Ostseite des Gartens grenzt der Garten an die Groteskengalerie. An dieser Mauer befindet sich das von Vermondo Resta entworfene Tor des Privilegiums. Es besteht aus drei Flachbögen und führt zu den Neuen Gärten. Der Stil des Tors entspringt dem Manierismus des Italieners Vignola. Der manieristische Einfluss wird auch an dem Tor deutlich, das den Garten der Alcoba vom Damengarten trennt. Es ist mit Zinnen, Voluten und Symbolen der Habsburger verziert.

Das Tor des Privilegiums

Tor zum Damengarten

Garten des Marquis

Er verdankt seinen Namen dem Marquis de la Vega-Inclán, einem der großen Kulturmäzen Sevillas aus dem frühen 20. Jh. Dieser weitläufige Bereich war einst ein Obstgarten, der in einen Garten verwandelt wurde.

Blumentopf
Er ist aus Ton angefertigt, mit den Initialen des königlichen Alcázar verziert und krönt einen der Steinsockel, die am Weg des Gartens des Marquis stehen.

Der sevillanische Garten
In der östlichen Hälfte der Gärten des Alcázar befinden sich die sogenannten Neuen Gärten, die durch den Königlichen Weg, der durch das Portal des Campo aus dem Palast hinausführt, in zwei Bereiche unterteilt werden. Im Norden dieses Wegs wurde dort, wo sich ursprünglich einmal der antike Obstgarten befunden hatte, zwischen 1913 und 1917 der Garten des Marquis angelegt. Als einer der größten Gärten des Palasts ist er sogar viermal so groß wie der Damengarten, der sich hinter der Groteskengalerie befindet. In seiner Ausgestaltung entspricht er durch die Kombination von manieristischen und andalusischen Elementen dem typischen sevillanischen Garten des 20. Jh. Besonders beispielhaft sind die schmalen Kanäle zwischen den Brunnen sowie die Bänke und Geländer, die mit Kacheln verkleidet sind.

1,6 HEKTAR
beträgt die Fläche des Gartens des Marquis im Osten des Palasts von König Peter I.

Wappen
Ein Kreuz mit den Symbolen von Kastilien und León ziert die Fliesen, die den Boden bedecken.

Brunnen
An den Wegekreuzungen der einzelnen Quadrate entstanden Plätze mit Brunnen in ihrer Mitte.

ANORDNUNG. DIE RESTLICHEN GÄRTEN

Die Neuen Gärten umfassen den Dichtergarten (1) hinter dem Tor des Privilegiums, den mit dem Blumen- und dem Damengarten verbundenen Kreuzgarten (2) und den Englischen Garten (3) im westlichen Bereich des Alcázar.

1

2

3

BILDBANDAUSGABE • SERIE ARCHITEKTUR
KÖNIGLICHER ALCÁZAR VON SEVILLA
ÜBER TAUSEND JAHRE KUNST UND ARCHITEKTUR

KONZEPT UND LEITUNG DES PROJEKTS: CARLOS GIORDANO UND NICOLÁS PALMISANO
KOORDINATION: MARTA DE LA SERNA
INHALT: DANIEL R. CARUNCHO
LAYOUT: TONI BERNARDINO
FOTOBEARBEITUNG: JAVIER ORDUÑA

VERSION
© DOS DE ARTE EDICIONES, S.L., BARCELONA, 2016

TEXTE
LEITUNG UND KOORDINATION: DOS DE ARTE EDICIONES, S.L.
REDAKTION: DANIEL R. CARUNCHO
ÜBERSETZUNG: BIANCA GEIKE
© DOS DE ARTE EDICIONES, S.L., BARCELONA, 2016

FOTOS
AUTOREN: CARLOS GIORDANO UND NICOLÁS PALMISANO
© DOS DE ARTE EDICIONES, S.L., BARCELONA, 2016

ILLUSTRATIONEN
• SEITE 6. DER GROSSE INNENHOF DES ALCAZAR, STICH, 1863. AUTOR: FRIEDRICH EIBNER. ALBUM/ORONOZ
• SEITEN 8 (AL-MUTAMID), 13 (MARIA DE PADILLA), 15 (PHILIPP II.). AUTOR: ENRIQUE TORTOSA DEL TORO. © DOS DE ARTE EDICIONES, S.L., BARCELONA, 2016
• SEITE 8 (ZEITEN DES WANDELS). ABDERRAMAN II. EMPFÄNGT DIE BASKISCHEN BOTSCHAFTER. STICH, 14. JH. ALBUM/PRISMA
• SEITE 8 (ISLAMISCHE EROBERUNG). ISLAMISCHE KRIEGER. ISLAMISCHES MANUSKRIPT, 11. JH.
• SEITEN 9 (KARTE), 13 (DIE PEST), 14 (WAPPEN), 15 (SCHIFF), 16 (VERFASSUNG UND ISABELLA II.). AUTOR: GABRIEL OREGIONI-COMPAÑÍA GRÁFICA . © DOS DE ARTE EDICIONES, S.L., BARCELONA, 2016
• SEITEN 9 (YUSUF I.), 10 (ALFONS X.), 12 (PETER I.), 14 (ISABELLA I.), 16 (ALFONS XII.), 36-37 (GIPSVERZIERUNGEN). AUTOR: GUILLERMO VELASCO. © DOS DE ARTE EDICIONES, S.L., BARCELONA, 2016
• SEITE 9 (ALMOHADEN-IMPERIUM). LAUTENSPIELER. ALMOHADISCHES MANUSKRIPT, 13. JH.
• SEITE 10 (DIE EROBERUNG VON CÓRDOBA). CHRISTLICHES UND ISLAMISCHES HEER. MINIATUR, 13. JH.
• SEITE 12 (SCHLACHT AM SALADO). MINIATUR, 13. JH.
• SEITE 13 (KRIEG IN KASTILIEN). ERMORDUNG VON KÖNIG PETER DURCH SEINEN HALBBRUDER. STICH, 19. JH.
• SEITE 13 (ANGRIFF AUF DAS JUDENVIERTEL). JUDEN BETEN IN EINER SYNAGOGE. BILDERHANDSCHRIFT, 14. JH.
• SEITE 15 (SEVILLA IM 16. JH.). ANSICHT VON SEVILLA VON ALFONSO SÁNCHEZ COELLO. MUSEO DE AMÉRICA. ALBUM/ORONOZ
• SEITE 15 (DYNASTISCHE VEREINIGUNG). PORTRÄT DER KATHOLISCHEN KÖNIGE, 15. JH. AUTOR: ANONYM
• SEITE 16 (KUBAKRIEG). HINTER EINER BARRIKADE VERSCHANZTE AUFSTÄNDISCHE. BEMALTER STICH. ALBUM/PRISMA
• SEITEN 20-21, 32-33, 54-55, 104-105, 112-113. AUTOR: ANTONIO FERNÁNDEZ R. SALAZAR © DOS DE ARTE EDICIONES, S.L., BARCELONA, 2016
• SEITEN 68-69, 98-99 (MITTIGE ILLUSTRATION). AUTOR: TRÉBOL ANIMACIÓN © DOS DE ARTE EDICIONES, S.L., BARCELONA, 2016
• SEITEN 98 (ARTEN VON DACHSTÜHLEN), 99 (STRUKTUR). AUTOR: TEAM VON DOS DE ARTE EDICIONES. © DOS DE ARTE EDICIONES, S.L., BARCELONA, 2016

DOS DE ARTE EDICIONES

ERSTE AUSGABE 2016

ISBN: 978-84-9103-046-1
DEPÓSITO LEGAL: B 1445-2016
GEDRUCKT IN SPANIEN

WWW.DOSDEARTE.COM
PEDIDOS@DOSDEARTE.COM

DIE TEXTE DIESES BUCHES ENTSTANDEN IN ZUSAMMENARBEIT MIT:

REAL ALCÁZAR SEVILLA